书山有路勤为径,优质资源伴你行
注册世纪波学院会员,享精品图书增值服务

Harvard Business Review Leader's Handbook

哈佛商业评论领导力手册

如何影响、激励和带领组织持续向前

[美] 罗恩·阿什肯纳斯　布鲁克·曼维尔　著　／　陈媛　张翔　彭卓　译
Ron Ashkenas　　　　Brook Manville

Make an Impact,
Inspire Your Organization, and
Get to the Next Level

电子工业出版社
Publishing House of Electronics Industry
北京·BEIJING

Harvard Business Review Leader's Handbook: Make an Impact, Inspire Your Organization, and Get to the Next Level by Ron Ashkenas, Brook Manville
ISBN: 9781633693746

Original work copyright © 2019 Harvard Business School Publishing Corporation. Published by arrangement with Harvard Business Review Press. Unauthorized duplication or distribution of this work constitutes copyright infringement.

Simplified Chinese translation edition copyrights © 2024 by Publishing House of Electronics Industry Co., Ltd.

All rights reserved.

本书中文简体字版经由 Harvard Business Review Press 授权电子工业出版社独家出版发行。未经书面许可，不得以任何方式抄袭、复制或节录本书中的任何内容。

版权贸易合同登记号　图字：01-2022-5861

图书在版编目（CIP）数据

哈佛商业评论领导力手册：如何影响、激励和带领组织持续向前 /（美）罗恩·阿什肯纳斯（Ron Ashkenas），（美）布鲁克·曼维尔（Brook Manville）著；陈媛，张翔，彭卓译. —北京：电子工业出版社，2024.5
书名原文：Harvard Business Review Leader's Handbook: Make an Impact, Inspire Your Organization, and Get to the Next Level
ISBN 978-7-121-47588-7

Ⅰ.①哈…　Ⅱ.①罗…　②布…　③陈…　④张…　⑤彭…　Ⅲ.①企业领导学—手册　Ⅳ.①F272.91-62

中国国家版本馆 CIP 数据核字（2024）第 063389 号

责任编辑：吴亚芬　　　文字编辑：牛亚杰
印　　刷：天津千鹤文化传播有限公司
装　　订：天津千鹤文化传播有限公司
出版发行：电子工业出版社
　　　　　北京市海淀区万寿路 173 信箱　邮编：100036
开　　本：720×1000　1/16　印张：13　字数：207 千字
版　　次：2024 年 5 月第 1 版
印　　次：2024 年 5 月第 1 次印刷
定　　价：88.00 元

凡所购买电子工业出版社图书有缺损问题，请向购买书店调换。若书店售缺，请与本社发行部联系，联系及邮购电话：(010) 88254888，88258888。
质量投诉请发邮件至 zlts@phei.com.cn，盗版侵权举报请发邮件至 dbqq@phei.com.cn。
本书咨询联系方式：(010) 88254199，sjb@phei.com.cn。

译者序

2018年，我给《哈佛商业评论》写过一篇关于小米集团人力资源的企业实践的文章——《智能时代下的云组织》。那年小米刚刚上市，开始全面系统化地加强人力资源建设、组织能力建设，此篇文章获得了当年的"最佳企业实践奖"。基于这一次的深度接触，我更深刻地体会到，《哈佛商业评论》会敏锐地洞察商业的发展趋势，商业模式的前沿研究，深入商业一线战场，链接各个新兴产业、行业与优秀企业，萃取最佳企业案例、管理案例、时事咨询，再结合哈佛商学院的案例式教学，带领各位商业精英企业家去探讨、研究先进的企业方法论，然后学以致用，联系自身企业，落实到管理实践当中去。当电子工业出版社的编辑联系我，希望我能参与这本书的翻译工作的时候，我便欣然答应，可以说是双向奔赴。此次，我心怀使命，期望引入经典的商业案例到中国来，为中国的企业家、管理者带来更多的国际化视角与案例学习，为广大读者呈现一本管理实战手册。

当我在讲授库泽斯和波斯纳的"领越领导力"这门课程时，第二节就是共启愿景，和本书的第一章《构建统一的愿景》可谓英雄所见略同。作为企业管理者，要能将心中所想，目之所及清晰地描述出来，并透过战略意图的传递，工作目标的拆解，告诉团队成功的画像是什么。我们的团队在哪里？我们的团队要到哪里去？我们的团队如何到达？因此愿景是启动工作，是出发前的关键第一步。有了使命、愿景、价值观后，企业便有了魂，然后我们再决定企业的战略意图、战略方向，战争与战场在哪里。所有优秀的战略都要靠人去落地以及执行，所以内部的组织能力团队搭建，招募优秀的人才等又成为阶段性的工作重心，因为伟大的战略需要内部强有力的人力去支撑。有了愿景、战略目标、强有力的团队，层层拆解战略目标，最后去落地执行。第四章《专注于结果》，与我的第一本书籍——《上任第一年手记》中的内容比较像。成熟的管理者要经过管理的四个阶段：知、信、行、致，搭建高效执行与落地的方法论。在组织中，制度、流程、机制、规则能保证组织的持续稳定运转。第五章《为未来而创新》中指出，企业想要获得持续发展离不开持续创新。世界上唯一不变的就是变化，企业要善于通过创新来引领变化，驱动变革。这一章提到的"颠覆式创新"很像著名的经济学大师熊彼特提出的"破坏性创新"。熊彼特把创新视为不断地从内部革新经济结构，即不断破坏旧的结构，创造新的结构。他还认为，创新就是企业家对生产要素的重新组合，即"建立一种新的生产函数"，因为创新让我们飞得更高。此外，企业要超越原有的旧我，允许试错，允许发展。第六章《领导自己》中提出，管理的基础是自我管理，管理者要以身作则。如果管理者希望员工每天上午 9 点上班，那么管理者就需要每天上午 9 点前到岗。如果管理者自己都做不到，那就不要指望其他人做到或者遵守。所以管理的核心是刀刃向内，从自我管理出发。

本书能够顺利出版，离不开翻译团队里另外两位老师的辛勤付出，非常感谢他们。张翔老师是《财富》世界 500 强组织的发展&薪酬绩效总监，也曾经是我的同事，在专业领域有自己的见解。他还是从美国留学回来的研究生，有扎实的语言基础。彭卓老师是我北大的研究生同学，北大奖学金获得者，曾是四川音乐学院小有名气的教师，现在供职于《财富》世界 500 强企业。通过我们三人历时半年的高效协作，我们才能为读者呈现本书，期望书友们开卷有益！

陈媛
2024 年 1 月
于北京大学

目　录

导言 ··· 001
　　专注于基本原则 ·· 002
　　什么是领导力？ ·· 003
　　为什么是"积极"的影响？ ····································· 005
　　如何成为一名领导者：六种实践 ······························ 007
　　一张简单的概念图助你前行 ···································· 011

第一章　构建统一的愿景 ·· 012
　　为世界银行创造愿景 ··· 013
　　什么是愿景？ ·· 016
　　构思你的愿景 ·· 022
　　思考问题 ··· 034

第二章　制定战略 ·· 035
　　PBS 儿童教育电视频道的战略 ································ 036
　　什么是战略？ ·· 039
　　制定战略的过程 ··· 040
　　制定一个流程来实施你的战略选择 ···························· 041
　　你准备好领导制定战略的过程了吗？ ························· 057
　　思考问题 ··· 058

第三章　招募优秀人才 ·· 060
　　通过战略变革管理福特基金会的社会契约 ··················· 062

组建你的领导团队 ………………………………………… 063
　　用绩效反馈 ……………………………………………… 070
　　促进员工的学习和发展 ………………………………… 075
　　分享你的激励哲学 ……………………………………… 079
　　塑造执行战略的文化 …………………………………… 082
　　思考问题 ………………………………………………… 088

第四章　专注于结果 ……………………………………… 090
　　专注于结果——XL保险公司 …………………………… 091
　　设定高绩效目标并让员工对其负责 …………………… 093
　　简化组织流程，降低复杂性 …………………………… 099
　　在取得成果的同时培养能力 …………………………… 101
　　保持组织纪律 …………………………………………… 105
　　实现成果的领导力差异 ………………………………… 112
　　思考问题 ………………………………………………… 113

第五章　为未来而创新 …………………………………… 115
　　在汤森路透建立持续的成功 …………………………… 118
　　平衡现在和未来 ………………………………………… 121
　　为未来做好准备 ………………………………………… 125
　　塑造未来 ………………………………………………… 129
　　塑造面向未来的企业文化 ……………………………… 136
　　思考问题 ………………………………………………… 142

第六章　领导自己 ………………………………………… 143
　　了解你自己 ……………………………………………… 144
　　思考问题：了解你自己 ………………………………… 154
　　自我成长 ………………………………………………… 154
　　思考问题：自我成长 …………………………………… 164
　　分享你自己 ……………………………………………… 165

思考问题：分享你自己 ………………………………………… 168
　　照顾好自己 ……………………………………………………… 169
　　思考问题：照顾好自己 ………………………………………… 175
　　思考问题 ………………………………………………………… 176

结论　把一切放在一起 …………………………………………… 178
　　领导力很重要 …………………………………………………… 178
　　大胆思考，放眼未来 …………………………………………… 179
　　但也要有勇气放手 ……………………………………………… 180
　　激励和要求 ……………………………………………………… 181
　　从失败中学习 …………………………………………………… 182
　　创建一个思想一致的组织 ……………………………………… 182
　　把合众为一作为你的领导议程 ………………………………… 183

拓展阅读 ……………………………………………………………… 184

致谢 …………………………………………………………………… 193

受访或咨询的领导者 ………………………………………………… 196

作者简介 ……………………………………………………………… 199

导 言

琳达负责一家中型在线零售商的营销工作,并且事业蒸蒸日上:她的团队帮助公司推动了连续六个季度的业务增长,她因拥有强大的合作伙伴关系和出色的业绩而受到销售人员的赞扬。此外,琳达还是公司客户委员会的成员,深受首席执行官和其他经理的尊敬。

然而,她觉得自己陷入了停滞不前的状态。因为她的很多创新想法虽然在高管会议上得以被礼貌地倾听,但似乎从未被付诸实施,她总是被这样回应:"是的,这个概念很有趣,琳达,但现在太虚了。"她希望能够负责公司更大的项目,但多次输给更有经验的外部人员。她希望有更大的影响力,偶尔也会考虑外部机会。但当招聘人员打电话给她时,她不知道自己该如何抓住新工作并取得成功。琳达在寻求成为一个更重要的角色时感到沮丧,还有一丝困惑和不安:"成为领导者需要完成某种神秘的转变吗?为了实现我的职业梦想,我必须成为谢丽尔·桑德伯格那样的佼佼者吗?"琳达在商学院的朋友萨姆和娜塔莉也有10年的工作经验,他们都在努力解决类似的问题,也都渴望获得更多的领导机会,但还在努力过渡中。

萨姆以快速学习和勤奋工作而出名,他已经从筹款经理晋升为一个日益壮大的非营利社区的首席运营官。"我对这里的工作非常着迷,有100人向我汇报,"他自豪地告诉琳达,"但我总是在凌晨3点醒来,想知道我是否能做好这个首席运营官。"

娜塔莉是硅谷冉冉升起的科技新星,她渴望创办自己的公司。她有良好的管理经验、一些风险投资的支持,还有一批潜在员工。但她不想让投资者强迫她把公司交给一位更有经验的高管。她感觉到,经营一家完整的公司将是一个比她迄今为止所做的任何事情都更大、更可怕的挑战。

如果你像许多处于职业生涯中期的专业人士一样遇到了领导力方面的障碍，本书将帮助你实现突破。如果你是一位成熟的管理者，想要让你的职业发展更上一层楼，或者扩大你目前的工作范围，本书对你很有用。如果你想自己创业，或者你只是想在所做的任何事情中获得更大的影响力，本书也适合你。无论你是在传统公司、初创公司、非营利组织还是政府组织，或者甚至是想在一个非正式的或更网络化的公司中做领导者，本书依然适合你。

要想在领导力方面实现突破，达到更高的水平，你需要以不同的方式思考，甚至需要转变身份。你将拥有更多的特权，但也有更多的风险：你的日常行为将会被暴露得更多。但最重要的是，这种转变将要求你做不同的事情。你将从一个专注于自己学习、与同事合作、按照别人设定的方向执行的角色转变为一个设定方向并动员其他人完成工作的角色。本书将描述你需要擅长的领域，以及如何培养在这些领域成功的能力。

专注于基本原则

当今世界迫切需要更多更好的领导者。全球竞争日益激烈，绩效期望不断被提高，社会和经济问题无处不在，这些都使得领导力变得很重要。此外，组织也在不断变化（一如既往）；与之前的组织相比，它们的层级更少，更网络化，更灵活，更依赖技术。

以上这些变化推动了对指导的需求，导致领导力技能和知识建设方面的书籍、文章爆炸式增长，并催生了很多提高这些方面能力的方法。亚马逊上有数千种领导力方面的书籍可供选择，每年还会有更多的书籍出版。其中很多是有帮助的，但也有越来越多的花哨的涉及快速解决方案的书籍涌入市场，使市场变得混乱。

尽管我们周围有各种各样的变化，也有各种不和谐的建议，但从根本上来说，领导力并没有改变。它仍然是关于与他人合作，以实现共同目标。

鉴于现实情况，我们认为任何有抱负的领导者要想成功并顺利度过动荡时期，最佳的应对方式就是忽略噪声，重新专注于这些基本原则。通过挖掘《哈佛商业评论》中最持久的思想智慧、我们自己的专业知识，以及世界卓越领导者的经验，本书将去除杂音，为你提供这些基本原则，以便你能够突破像琳达、萨姆和娜塔莉等人所面临的那些障碍。

通过本书，你将了解到《哈佛商业评论》在过去40年中发表的一些重要的研究和领导力课程。这些年来发生了很多变化，但许多关于领导力领域的认知仍然保持一致。许多经过时间考验的框架和思想在今天仍然适用，就像它们第一次被出版时一样。

在接下来的章节中，我们将讲述许多精心挑选的《哈佛商业评论》文章，并在书末的拓展阅读部分列了清单（如果你在文本中看到提到《哈佛商业评论》的文章，你可以在那里找到更多信息）。

为了将这些概念形成本书所描述的方法，我们还结合了60年来大家作为思想领袖、顾问或与《财富》50强公司、专业服务公司、非营利组织和全球初创企业的领导者合作的集体经验。在此期间，我们见证了数百位领导者的行动。我们还指导他们，并和他们一起进行变革、度过危机，获得突破性成就。我们与他们站在一起，帮助他们直面自己的缺点，获得成长。

最后，我们采访了近40位工作中的高级领导者，他们慷慨地分享了他们对核心实践的看法，并在此过程中分享了他们的许多见解和故事。

让我们从一些背景信息开始，简单地定义"领导力"。如果你不理解它是什么，以及它为什么重要，就无法发展并驾驭它。一旦你理解了背景信息，我们将为你提供本书的概述，以及它如何帮助你成为一名更好的领导者。

什么是领导力？

如果你想成为一名领导者或提高你的领导力，那实际上意味着什么？

"领导力"这个词从来没有一个精确的定义。对于一些人来说，它仅仅意味着组织层级结构的最高层。对于其他人来说，领导力是一组与管理能力完全不同的能力，无论在哪个层次上，就像亚伯拉罕·扎莱兹尼克教授在1977年的《哈佛商业评论》文章"管理者和领导者：他们有何不同？"中所描述的那样：管理者通过控制和流程来驯服混乱，而领导者则在模棱两可、创造性和发现中茁壮成长，推动变革。对于其他人来说，领导者可能是一个英雄，他们几乎神话般的成功让人觉得遥不可及，比如史蒂夫·乔布斯或谢丽尔·桑德伯格。而在相反的极端，"领导者"这个词也经常被用在儿童足球队的明星或在社交媒体上拥有大量追随者的初级经理的身上。

我们相信几乎每个人都有一些领导潜力，当更多的人发展相关技能并更主动地解决问题时，组织和整个社会都会受益。

在本书中，我们将领导力定义为：

通过建立一个为共同目标而共同努力的组织，产生显著的积极影响。

产生显著的积极影响

"产生显著的积极影响"意味着创造成果，如重大的业务转型、规模化增长或推动市场的新产品。我们所描述的领导力不仅仅是运营一个大型项目，更重要的是你所取得的成果的规模。本书将帮助你通过鼓励和赋能追随者，在所从事的工作中实现这种大规模的影响，并创造出比追随者单独行动所能达到的更多价值。

我们希望你有远大的目标，并了解实现这些目标所需的条件。本书各章节中配有成功领导者的案例，这些领导者在其所在的市场或竞争领域中产生了真正的影响（有关这些故事的更多信息，请参见"更多案例信息"方框中的内容）。例如，我们介绍的领导者之一，美国国际集团（American International Group，AIG）的塞莱娜·玛西亚，讲述了她在之前的工作中如何领导 XL 保险公司的北美财产和意外伤害险业务的转型，为公司带来巨大回报。福特基金会总裁达伦·沃克解释了他如何通过将传统的社会公正项目引入数字领域来改变全球慈善事业。美国公共电视网（Public Broadcasting Service，PBS）的总裁葆拉·科戈尔提供了另一个例子，即通过大幅拓展公司系统里的教育项目给全国的儿童和当地社区，从而产生了重大影响。（为了充分披露，我们在书中也描述了与许多领导者在指导或咨询能力方面的合作。）

当然，首席执行官和总裁并不是我们引用的唯一领导者，我们也不想暗示他们是你应该效仿的唯一榜样或唯一能够创造重大积极影响的人，因为在你管理整个组织之前可能还需要一段时间。然而，这些高级管理人员所采取的步骤和所克服的挑战为各级别和各类型组织的领导者提供了经验教训。例如，即使你还没有到为整个企业制定战略的职业阶段，你也可能需要为某个特定产品或某项特定计划制定策略。同样地，虽然你可能还没有为整个组织创建人才能力计划的责任，但你必须为你的领域建立一支顶尖团队。

更多案例信息

在本书的前五章中，每章都以一个真实的故事开头，讲述了一位高级领导者如何在他们的组织中实践某种方法，并产生了积极的影响。你将阅读到世界银行愿景的创建，公共电视战略的制定，福特基金会对员工能力要求的有意转变，XL保险公司的业绩提升，以及汤森路透推动创新的故事。我们之所以在本书中选择了这些案例和其他较短的小插曲，是因为它们展示了我们所描述的实践在组织中的样子，这些组织可能面临着与你今天工作的组织或希望明天经营的组织类似的挑战。我们从多样化的组织中选择了这些案例，包括营利性组织、非营利性组织和公共部门，这些组织具有悠久的历史，而不是最新的出现在轰动新闻中的公司。每个案例都展示了领导者运用特定实践在面对艰难的商业环境、内部阻力、人类自身局限和担忧时创造重大影响的力量。

我们使用这些案例来挖掘具体的经验教训，即使你的组织处于不同的行业，拥有不同的规模，或者你处于较低的职位，你也可以将其应用到你的实践中。

为什么是"积极"的影响？

我们在领导力影响的定义中强调"积极"一词并非偶然。

我们认为，"领导力"这个术语所承载的责任不是为了实现某种可疑甚至邪恶的结果而制定蓝图，而是创造影响，并对社会或经济目标产生积极的影响。我们在本书中强调的许多实践方法可以应用于提高大多数组织的绩效。我们希望你能利用这些实践方法来促进人民福利的普遍提高，并在市场经济中公平、公开地创造财富和人力资本。

构建关注人的组织

领导力不是单独产生影响，而是通过他人来实现。领导者必须是建立和发展集体工作的大师，激励和组织他人朝着共同的目标前进。自古以来，组织一直是人们协调和扩大人才效能的方式。多年来，与我们合作过的领导者都说，构建和激励一个组织是他们工作中最困难、最关键的部分。

我们使用"组织"这个术语，不仅是指传统的公司，如宝洁或思科系统等，还包括非营利性企业、初创企业、大公司内部的部门、政府机构，甚至以非正式社区或虚拟网络形式运作的团体，例如专业协会、社会活动家联盟、研究集体等。只要人们能够聚集在一起并被激励着为共同的目标而努力，就有机会让领导者（或多位领导者合作）创造大规模的积极影响。

但是，协调和激励集体努力是非常具有挑战性的。为了成功，领导者必须解决有关人类合作方面的根本困境：不同的优势、态度、经验、抱负、信仰和限制。这些必须以某种方式合理化并与整体战略和承诺相一致，以实现集体绩效。

例如，塞莱娜·玛西亚通过在 XL 保险公司发展和协调不同的团队，从而产生了影响，其中的许多人对如何满足客户的保险需求持有相互冲突的观点。达伦·沃克必须塑造一种新的文化，并做出一些艰难的人员选择，以将福特基金会转向解决数字的正义挑战。葆拉·科戈尔和她的团队通过巧妙地调动本地公共电视台网络的力量，围绕一套新的战略服务方案成功地改变了儿童电视节目，取得了成功。

领导者和管理者的区别

在本书中，我们使用"管理者"和"领导者"这两个术语，与扎莱兹尼克所认为的一样，我们认为它们的含义不同。在我们看来，领导力的独特之处在于，我们定义中的"影响力"部分——领导者能够比管理者在更长的时间内产生更大的影响。

但这并不意味着领导者不需要管理技能或不需要承担管理工作。在职业生涯的早期阶段，领导者需要掌握基本的管理技能，并通过反复应用来磨炼这些技能。然而，最终他们需要增加更多独特的领导能力和思维方式。那些无法跨越这一步的人将继续担任管理者并继续做出贡献。但是那些能够将领导能力融入他们的管理技能中的人，将会使他们的价值倍增。

打个比方，伟大的音乐指挥家不仅要与乐团中的演奏者保持紧密联系，而且通常要知道如何演奏乐团中关键独奏者的乐器。此外，他们也不能仅仅停留在熟练掌握乐器的演奏技能上，而是要将整个乐团团结在一起。

尽管领导力和管理可以有不同的定义，但领导力也是从管理中产生的，当领导力发挥得好时，它可以带来巨大的影响力（见图 0-1）。领导者通过深入理解、不断学习和实践管理，并在此基础上添加独特的领导行动，从而实现差异化——产生显著的影响。

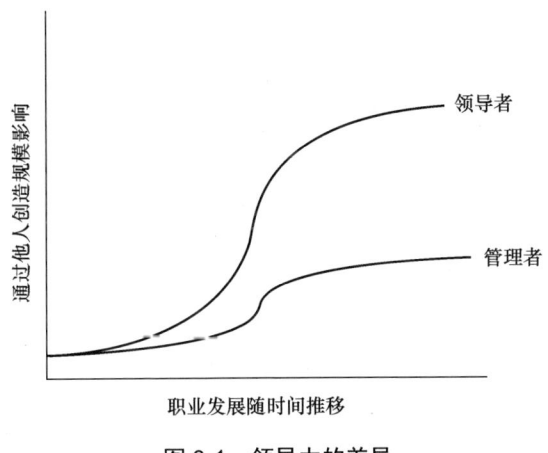

图 0-1 领导力的差异

如何成为一名领导者：六种实践

如果你渴望成为一名领导者，你该如何培养所需的技能和知识？最好的方法是通过实践——在工作中做和学习。任何人都可以并应该在自己职业生涯的早期阶段培养这些能力。我们在工作中看到过这一点：对于所有的概念框架、培训计划、个人评估、体验式练习和他人的战斗故事，只有当领导者在涉及真实的人员和真实的后果时应用它们，才会真正深入人心。当然，练习、指导和阅读都可能有所帮助，但没有什么能代替实际实践的作用和学习效果。

在回归基础的方法中，我们确定了六个对于有抱负的领导者来说至关重要且永恒的实践领域，每个领域都构成了本书的一个章节。这些领域并不代表领导力百科全书（具体参见"软技能怎么样？"），而是区分那些产生强大影响力的人所必须做的具体领域。

- **构建统一的愿景**（第一章）。成功的领导者利用愿景来构建和激励组织，推动创新和追求卓越表现。通过设定广泛的目标和成功的画面，愿景成为人们产生独特影响的关键第一步。

- **制定战略**（第二章）。在确定愿景之后，产生重大影响的下一步是制订协调一致的行动计划，以便组织能够获胜——创造独特的价值、超越客户期望并击败市场竞争对手。领导者通过向企业提出关键问题并成功执行来挑战自己的企业，以确定企业在哪里及如何竞争。

- **招募优秀人才**（第三章）。对于优秀的领导者来说，没有什么比人才更重要了。他们招募、吸引、培养和协调组织成员，提出一个双重主张："如果你能全力帮助我们实现集体的共同繁荣，我们将尽最大努力帮助你实现个人的蓬勃发展。"

- **专注于结果**（第四章）。一旦招聘到合适的人才加入组织，组织中的人就必须提供能够产生影响的结果。精明的领导者会建立使人们共同努力并专注于不断提高绩效的流程。

- **为未来而创新**（第五章）。组织并不能保证自己永远会获胜并取得好的绩效结果。领导者必须同时关注现在和未来，并在组织中建立韧性和创造力，以保持领先地位，应对市场、行业和竞争对手商业模式的变化。

- **领导自己**（第六章）。虽然需要组织的集体努力才能产生（重大）影响，但领导者本身也是该组织的一部分。领导者所扮演的关键角色要求他们也要投资于自己——提升自我、持续进步并拥有足够的自我保护能力，以保持自己的高绩效。

本书的前五章遵循一个逻辑顺序：领导者从愿景开始，逐步通过制定战略、管理人员和流程、长期创新等方式将其转化为行动。

软技能怎么样？

当你看到这些实践方法清单时，你可能会想知道为什么我们没有包括有关创造胜利文化或领导力人际方面的部分。这些不重要吗？答案是肯定的。领导力中这些更为柔性的元素对于创造积极的组织影响至关重要。多年来，我们与之交谈或合作过的几乎每一位领导者都强调了这个观点，《哈佛商业评论》中的大部分文章也是如此。

然而，创造文化和与他人建立强大互动并不是独立存在的，它们深深地融入我们所有的六个实践方法之中。你作为领导者在参与这些实践时的举止，你塑造和鼓励的行为和价值观，将深刻影响你在团队、部门或公司中创造的文化。但这些行为是你创造愿景、塑造战略、吸引优秀人才加入、取得成果、面向未来创新和自我成长的一部分。作为领导者，你始终在创造文化。在每个实践章节中，我们都将强调你如何做到这一点。

与此同时，文化并不是你行为的结果，自然而然随之发生。作为领导者，你应该对你想要的文化以及你需要在某种程度上进行何种变革有意识。你可以随时间使用特定的杠杆将其引向正确的方向。我们在第三章中专门讨论了如何做到这一点，即如何吸引优秀的人才加入，因为许多杠杆涉及人才：你招聘谁，你奖励、认可和提升谁，你如何衡量绩效，以及你如何培养人才，使他们内化对于胜利至关重要的价值观和行为。第五章中还有关于如何创造拥抱创新文化的部分，即面向未来创新。

但本书中的实践并不一定是按顺序来的，它们是相互依存的，常常重叠和迭代。例如，愿景、战略和创新必须密切相关，你必须在工作的各个阶段管理人员和结果。此外，第六个实践（领导自己）是其他所有实践的基础。虽然这应该是本书的第一章，但我们选择将其作为结尾，以此强调领导者需要不断学习本书所提出的这些领域的必要性。此外，我们希望反驳越来越普遍的观念，即领导力完全是关于发展内在技能的。在我们看来，领导者需要建立他们的组织并实现持续的结果，同时发展自己。

每位领导者都会根据自己的个性、倾向、热情和处境来对这些实践进行调整和改进。但是，正如下面的内容所描述的那样，它们的本质始终保持不变。

践行

反复尝试、反思并改进如何通过组织创造影响力是必要的，这就是我们称这些发展领域为"实践"的原因。成功的领导者不断地做这些事情并努力改进它们。

这个旅程对每个人来说都是不同的。例如，它可能在你职业生涯的早期，当你作为经理与一位更有经验的领导者一起工作，并一起进行一些实践时。随着时间的推移，你很可能有机会负责我们描述的一些实践（创建愿景、制定战略等）。当你第一次接手这些领域时，你的成功程度会有所不同，这是正常的。但是通过反思每一步的成功和失败，你将不断进行积极的调整，并寻找更多学习机会。

随着你的进步，你将在这六个领域达到一定的能力水平，从而通过你团队、部门或公司的员工来实现越来越重要的价值。随着你的成功，这些成果将开始相互累积——你监管的新产品成为热门产品；或者你负责领导了一项具有变革性的倡议，重新定义了一个重要市场；或者你将你的公司引向一条新的增长道路。

当你在每个实践领域达到新的能力水平时，你的表现将会有巨大的变化，你在组织中的追随者也会增加，或许还会伴随着在行业中个人声誉的提高。越来越多的人想要和你签约，与你一起工作。客户或顾客会直接要求找你。你会被邀请代表公司参加重要的行业会议。

无论你是利用这股势头接管新的计划，还是开始创建自己的公司，你已经开始真正地产生规模化的重大影响。你已经成为一位领导者，能够团结一群人，为一个有意义的共同目标而奋斗，并交付结果以达成它。

一张简单的概念图助你前行

关于本书的概念图,如图 0-2 所示。我们将每种领导力实践视为独立的,但作为领导者,你需要同时实践它们。你需要以适合你和你所在组织及环境的独特方式将它们结合起来。当它们被结合在一起时,你将开始通过他人产生显著的积极影响,这就是领导力。但这并不是结束,为了不断前进,你需要不断练习、行动、反思和学习,以产生影响,从而激励你的组织达到更高层次。

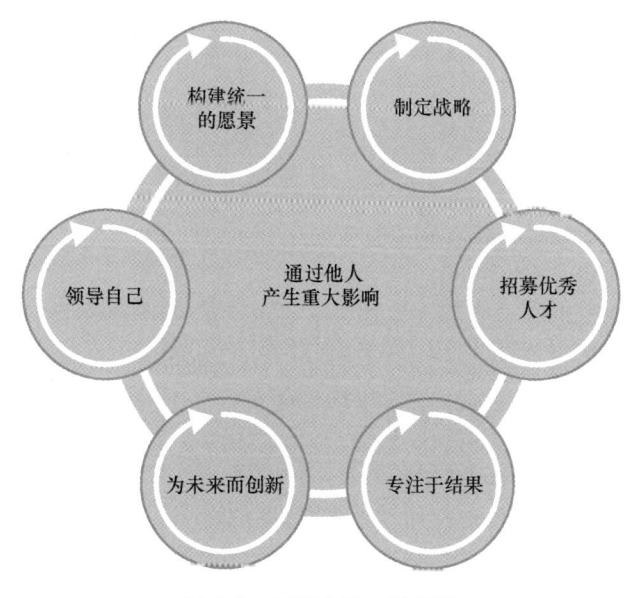

图 0-2 领导力的六种实践

那么,我们开始!

第一章

构建统一的愿景

领导者的作用是提高人们对自己未来的期望，并释放他们的能量，让他们努力实现这些期望。

——大卫·格根

杰出的组织拥有一个令人兴奋的、清晰的、简单的愿景，这个愿景尊重并强化组织的核心目标，同时也描绘了组织未来的方向和渴望实现的目标。举例来说，杜邦公司的愿景是"成为全球最具活力的科学公司，创造可持续的解决方案，为全球人民创造更美好、更安全、更健康的生活"；Facebook（现改名为 Meta）的愿景是"赋予人们分享的力量，让世界更加开放、联系更加紧密"。此外，组织内部的部门和团队也有自己的愿景，例如，Alphabet（最初是谷歌的母公司）旗下的智能家居部门 Nest 的愿景是"创造周到的家：一个照顾里面人和周围世界的家"。

制定愿景的实践是作为领导者创造重大影响的关键组成部分。无论你负责整个组织还是其中的一部分，愿景都为制订战略计划、招募人才、设定目标，以及激励人们寻找新的、更好地完成任务的方式提供了起点。同样重要的是，愿景有助于将从事不同工作的团体和个人团结起来，使他们朝着一个共同的方向努力，同时激励他们为比自己更重要的事情做出贡献。

作为领导者，你的责任是塑造一个引人注目的愿景，以适应你的组织

（或部门、团队）及其环境，并随着条件的变化定期重新制定。通过在正确的时间以正确的方式制定、完善或修订你的愿景，你可以对组织或部门的方向和员工的情感投入产生巨大的影响。但这种愿景并不是凭空出现的。制定愿景的实践具有挑战性，因为：

- 确定制定新愿景的正确时机可能很困难；你不想太频繁地这样做，以免冒着筋疲力尽的风险，你也不想因为做得不够频繁，而冒着自满的风险。
- 制定愿景时很容易过于胆小；为了发挥其作用，愿景必须大胆。
- 许多同事和利益相关者会有不同的想法和观点，你需要将它们整合起来，保持统一。
- 这个过程可能会耗费很多时间，因此你需要抽出时间专注于构建愿景，同时处理那些看起来更紧急、更引人注目的短期问题。
- 假设你不是首席执行官，你需要将你的特定团队或业务部门的愿景与公司的整体愿景联系起来，而不会失去更广泛愿景的总体能量和意义。有时这只是公司愿景的较小版本，但它可以是支持性的，同时又有所不同。

直面这些挑战是从管理者走向领导者的关键部分。虽然这不一定是你要做的第一件事，但你必须定期专注于构建一个统一的愿景，因为它为许多其他实践提供了基础，这将使你成为一位伟大的领导者。如果你与你的团队或部门在相对小的范围内进行实践，这将使你在职业生涯的另一个阶段更有信心构建更广阔的愿景。

作为该实践的一部分，领导者首先需要了解什么是好的愿景；然后他们需要领导一个过程来确定他们的组织或团队的愿景。为了让你了解这意味着什么，让我们看看吉姆·沃尔芬森如何为世界银行整体塑造了一个新的愿景，以及世界银行中的其他领导者是如何因此为他们自己的团队建立令人兴奋的愿景的。

为世界银行创造愿景

1995 年，当沃尔芬森成为世界银行的行长时，这家原本备受尊重的机构正在遭受围攻。在第二次世界大战后支持全球经济发展和在冷战期间推广民主社会和经济体系方面,该组织一直非常成功。但是随着1989年柏林墙的倒塌,突然间西方获胜,世界银行的准政治目的不再有意义。此外,世界金融市场的开放,以及中国和其他亚洲经济体的崛起意味着发展中国家可以从世界银行以外的资本来源获得资金。与此同时,世界银行因早期忽视环境、本地文化、腐败、社会公正等问题而受到批评。当沃尔芬森掌舵时,这些力量已经凝聚成一个名为"五十年就够了"的公众运动,明确质疑世界银行存在的必要性。

这些攻击导致世界银行的内部士气急剧下降。此外,世界银行内部的一项研究刚刚得出结论,世界银行三分之一的项目未能产生预期的经济效益。

面对这种信心危机,沃尔芬森意识到他需要重新确立一个引人注目的愿景,以支持世界银行的继续存在,并重新激发员工的活力。"重建"和"加强西方集团"已不再相关,而广泛的"经济发展"核心目标虽然仍然重要,但过于模糊,无法在员工个人层面或外部世界引起共鸣。重构愿景需要其他的东西。

基于与高级职员的积极讨论和辩论,沃尔芬森决定将世界银行的业务重点重新聚焦于减贫领域。这是世界银行前行长罗伯特·麦克纳马拉首次强调的业务领域,但在多年的债务危机、结构调整和其他发展问题的阴影下逐渐被忽视。毕竟,1996年贫困普遍存在,世界人口中超过28%的人生活在极端贫困(根据世界银行的数据,这些人每天的生活费不到1.90美元)中。解决这种令人沮丧的现实问题是一项紧迫的需求。

沃尔芬森意识到,他不能仅仅与高级团队构思出一种银行愿景,然后将其强加给所有人。相反,必须有一个与利益相关者进行对话的过程——以一种让他们感到自己参与了创造愿景的方式进行倾听和测试。为此,他要求他的传媒主管卡罗琳·安斯蒂起草一份初步的愿景声明,以表明他专注于减贫的意图,然后吸引多个利益相关者来完善它。该团队使用这份初步的愿景声明来征求客户、政府官员、董事会成员和高级经理的意见。公司与员工进行了焦点小组讨论,并将小组讨论纳入各种会议、场外活动和领导力活动中。沃尔芬森本人积极参与了许多会议,并定期与安斯蒂和其他人一起审查新出现的愿景。

最终,这句短语被刻在了位于华盛顿的世界银行总部大楼的墙上:"我们的梦想是一个没有贫困的世界。"

利益相关者的讨论也产生了许多关于组织愿景的其他信息，因此最终的总体愿景看起来是这样的：

我们的梦想是一个没有贫困的世界。

- 用激情和专业精神与贫困作斗争，以取得持久的成果。
- 通过提供资源、分享知识、塑造能力以及在公共和私营部门建立伙伴关系，帮助人们自助并改善他们的环境。
- 成为一个优秀的机构，能够吸引、激励和培养具有卓越技能、知道如何倾听和学习的多元化和忠诚的员工。

随着时间的推移，通过定期重复和使用，这个声明和它所描述的愿景成为应对外部批评的解药，这些批评呼吁取消世界银行。它还帮助组织中的领导者集中精力并优先考虑世界银行的战略目标，无论是在企业层面还是在其运营的地区、国家和技术网络中。事实上，扶贫成为衡量进步的持续措施，不仅适用于世界银行，也适用于其他发展机构，如联合国。这一愿景也在个人层面上引起了员工的共鸣，因为世界银行的许多员工要么来自贫困国家，要么经常前往经济落后的地区。

然而，世界银行愿景的力量不仅仅在于构建战略和建立参与度。它还具有统一性，使世界银行能够大规模利用其员工个人的贡献。像大多数组织一样，世界银行由许多职能领域的具有广泛技能和背景的人组成。有经济学家、农学家、水利专家、土木工程师、会计师、文职人员、作家、行政助理等，他们分属于不同的团队、部门和地点。但是，由于组织的"没有贫困的世界"的愿景非常强大，这些做出独特贡献的个体感觉自己正在共同努力实现更大的激励目标。他们不仅仅是在撰写报告、进行研究或发放贷款，而是成为一个机构和团队的一部分，致力于让数百万人的生活变得更美好。

这一愿景也贯穿了整个组织。世界银行各地区分部和职能部门的领导人也制定了愿景，围绕消除贫困的特定挑战激励他们的员工。例如，南亚地区副总裁 Mieko Nishimizu 专注于在她所在国家的村庄层面减少贫困的愿景，特别是以前的许多经济发展项目未能到达的村庄。丹尼斯·惠特尔是另一位领导战略团队的高级领导者，他提出了一种利用世界各地的想法来对抗贫困的愿景，而不仅仅依赖银行的专业知识。这促使他的团队创建了一个全球性的"发展市场"，用于减贫解决方案，最终成为世界银行战略方针的一个常规部分。

什么是愿景？

在我们描述如何作为领导者为你的部门、团队或团体创建愿景之前，我们需要解释什么是愿景，以及哪些特征使其在所有方面都能像沃尔芬森帮助世界银行构建消除贫困的愿景一样有效。

"愿景"对不同的人来说意味着不同的事情。在组织中，它经常与"使命""价值观"等概念混淆。这些概念有些重叠，但我们认为，愿景为你提供了一个独特的机会来发挥领导力。作为领导者，它是你可以定期重新评估和重塑的支柱，就像沃尔芬森在世界银行所做的那样。没有其他人能够替你完成这件事情。推动和引导确定愿景的过程以及你的方法的大胆程度是你的责任。

那么，愿景与使命或公司的价值观有何不同呢？组织的使命是其长期的、很难轻易改变的章程——这也是它存在的独特原因。对于世界银行来说，使命是为世界落后地区的经济发展提供财务和技术支持。一家医院可能有"为目标市场提供全方位的医疗服务"的使命，或者一家制造企业的使命可能是"为中小企业开发、生产、销售某些产品并提供服务"。这些声明定义了他们所从事的业务，并可以在其公司章程、创始人的早期声明或与董事会成员和高级领导人的讨论中获得。

价值观也是持久的，尽管它们可能会随着时代的变化而有所调整。这些是企业及其员工完成工作时应该遵循的基本规则。价值观往往更加个人化，它们是个人行为的理想操作准则，员工在工作时应该遵循。例如，在世界银行，一份名为"践行价值观"的行为准则详细说明了员工应该如何与同事、客户、社会公民和当地社区互动，以及管理者应该如何用理想的状态对待他们的员工。

另一方面，愿景是组织或你的团体在未来几年内想要实现的目标或长期努力的快照或蓝图。愿景传达了一个方向——不是如何到达那里（那是战略），也不是推动绩效的即时可衡量的目标，而是一个特定战略和目标可以被构建的背景。对于世界银行来说，从促进第二次世界大战后的重建和支持冷战时期的民主资本主义的方向转向消除贫困，代表着该组织方向的实质性变化。在团队层面上，丹尼斯·惠特尔的愿景是利用来自世界各地的想法来减少贫困，这与战略团队以往依赖自己专家的战略形成了戏剧性的对比。（表1-1 展示了愿景与使命和价值观的不同之处。）

表 1-1 使命、价值观和愿景

	使命	价值观	愿景
它是什么	组织存在的原因	组织成员行为的操作指南	组织的愿景是指组织想要实现的目标，它能够让个人感到与组织目标有着紧密的联系
时间范围	持久的	根据时代的不同，强调不同的特点，但都是持久的	随着环境的变化而更新和修订
风格	法律主义	清晰而具体地描述	情感丰富而简单
如何使用	提供确定是否参与某些业务或市场的标准	为个人绩效讨论和决定模糊的道德情况提供基础	为战略和目标设定提供背景信息

可以肯定的是，不同的领导者对"愿景"这个术语的理解是不同的。请参见以下方框中关于"愿景的要素"的另一个经典定义，了解这些想法如何相互配合以及什么样的愿景才是有效的。

愿景的要素

在他们的《哈佛商业评论》经典文章"构建你公司的愿景"中，吉姆·柯林斯和杰里·波拉斯建议，公司的持久使命和愿望是融合在一起形成公司愿景的两个要素。根据他们对"持久存在的"组织的研究，他们说，一个精心构思的愿景由两个主要组成部分组成：核心意识形态和设想的未来。核心意识形态是公司计划中的阴面，它定义了公司的立场和存在的原因。阴面是不变的，它与设想的未来的阳面相辅相成。设想的未来是公司渴望成为、实现和创造的东西——这需要显著的变革和进步才能实现。将这两个要素结合起来，需要你"理解什么是永远不应该改变的，什么是可以改变的，什么是真正神圣的，什么不是"。例如在世界银行，通过贷款和技术咨询支持经济发展是其存在的不变的阴面，而"一个没有贫困的世界"则是其所设想的未来的阳面。

具有吸引力的愿景是什么样的？

仅仅设定一个方向是不够的，一个愿景必须具备一定的特征才能成为有效的激励因素和战略统一体。

一个好的愿景应该是富有抱负、近乎梦幻、简单而引人入胜的。它应该是那种让你想成为组织的一部分、加入追求这个愿景的行列中的声明。它能引起你的情感共鸣。愿景还必须清晰：如果它令人困惑或模糊不清，没有人会遵循它。最后，它必须是大胆的：推动你的组织展望未来，让你看到组织未来的发展方向，并指向一个极具野心的目标。

请查看以下方框中的"组织愿景的标准"清单，以便你在构建愿景时使用这些标准。

组织愿景的标准

- 传达未来的蓝图。
- 大胆的。
- 简单明了。
- 情感丰富，打动人心。
- 富有抱负的。
- 为战略规划提供背景信息。

世界银行的"一个没有贫困的世界"的愿景具备所有这些特征。它简单、引人入胜、富有抱负，使世界银行的领导者能够为项目、地区、国家和整个机构设定战略目标、子目标和优先事项。请参见"其他愿景示例"方框中的内容，了解组织和团体层面的更多愿景。

其他愿景示例

请参见表 1-2，了解现实中一些大公司的愿景声明。

表 1-2 大公司的愿景声明

美国铝业公司	在美国铝业公司，我们的愿景是成为世界上最好的公司——在我们的客户、股东、社区和员工眼中。我们期望并要求我们始终以美国铝业公司的价值观为首要考虑，提供最好的服务
宾堡（Bimbo）	成为烘焙行业的世界领导者，以及国际食品行业中特别优秀的公司之一
通用汽车	通用汽车的愿景是成为交通产品和相关服务的全球领导者。我们将通过通用汽车员工的诚信、团队合作和创新驱动的持续改进来赢得客户的热情
卡夫食品	帮助全球人民获得更好的饮食和生活
宜家	宜家的愿景是为众多人创造更美好的日常生活。我们通过提供广泛的设计精良、功能齐全的家居用品，以尽可能低的价格让更多的人能够负担得起，从而实现这一愿景
耐克	将灵感和创新带给世界上的每一个运动员。只要有身体，你就是运动员
博世公司	科技成就生活之美。我们的愿景是通过创新和有益的解决方案来提高生活质量
Zappos	有一天，美国所有零售交易中有 30%的交易将在网上完成。人们会从提供最佳服务和最佳选择的公司购买商品。Zappos 将成为那个在线商店。希望我们对服务的专注使我们能够惊艳我们的客户、员工、供应商和投资者。我们希望 Zappos 被称为一家服务公司，只是碰巧销售鞋子、手提包等各种各样的商品而已

但并非每个领导都有机会创造像这些大公司那样的具有远见的愿景。然而，你为你的团队创造的愿景仍应该对你和你的团队有强大的影响，

并让你们感到你们所做的不仅仅是一份工作。因此，无论你所在的组织是什么类型，你都要考虑你的团队或团体如何对内部或外部客户产生变革性的（或极其积极的）影响。

请参见表1-3，以获取一些愿景声明示例。

表1-3　小企业和大公司内部部门的愿景声明

银行的贷款部门	我们的愿景是为客户提供财务手段，实现他们的梦想
汽车经销商	我们的目标是帮助家庭享受共同旅行的乐趣
媒体公司的内部审计部门	我们希望确保我们的同事们远离麻烦，并找到改善业务的新机会
初创太阳能公司	我们的愿景是让我们的客户产生的电力超过他们的消耗
一家制造公司的仓库	我们致力于在正确的时间以正确的成本将正确的材料送到正确的地方
一家制药公司的IT部门	我们的目标是为同事们提供工具，让他们能够提高全球人民的健康水平

愿景要大胆

愿景不仅仅是做比你现在做得更多的事情。相反，它是关于定义一个明显不同的方向，为组织及其成员创造新的价值——不是明天，而是在未来的许多年里。正如麦肯锡全球管理合伙人多米尼克·巴顿告诉我们的那样："管理者照顾已经存在的铁路轨道，并确保火车运行良好。但是领导者会改变轨道，会思考不同的未来，会冒险尝试。"

这种大胆的精神非常重要，因为它能够激励并为组织内的人们提供指引。吉姆·柯林斯和杰里·波拉斯称之为"BHAG"，即"大胆的（big）、刺激的（hairy）、雄心勃勃的（audacious）目标（goal）"。

所有公司都有目标，但仅仅拥有一个目标和致力于一个巨大而令人畏惧的挑战之间存在着巨大的差异，比如攀登珠穆朗玛峰。一个真正的BHAG应该是清晰而引人注目的，是努力的统一焦点，是团队精神的催化剂。它有一个明确的终点，因此组织可以知道何时实现了目标，人们喜欢追求终点。一个BHAG能够吸引人们的参与，能够触及并抓住人们的心。它是具体的、充满活力的、高度聚焦的。人们立刻就能理解它，几乎不需要解释。

以得克萨斯州休斯敦的安德森癌症中心的愿景为例。它的愿景是"让癌症成为历史",这有着开创性科学(历史性的新发现)和彻底消灭癌症的双重含义。它与研究人员、临床医生、辅助工作者、捐赠者、患者和家属产生共鸣。它也很容易让人记住,很生动,当然也很大胆。它的大胆举措已经在不同的临床科室中孕育出十几个具体的"登月计划"(非常具有雄心和创新性的计划),以在特定的时间段内显著降低特定类型癌症的死亡率和痛苦程度。

当然,你的团队可能没有消灭癌症或消除全球贫困的宏伟愿景,但为了有效,愿景与团队的日常工作相比,必须具有重要意义。例如,在 AIG,塞莱娜·玛西亚目前负责运营一个名为黑板保险(Blackboard Insurance)的子公司,该公司正在通过开发人工智能和数据分析来改善商业承保,从而重塑整个流程,进而重塑整个行业。同样地,我们所知道的一家大型公司的人力资源团队制定了愿景,使公司成为美国最佳工作场所之一,并成为工程学院毕业生的首选。

对于最具吸引力的愿景而言,大胆尝试并不只是意味着获得财务上的成功,更是为了为客户或社会做出令人兴奋的贡献。在《哈佛商业评论》的文章"成功的初创企业不把赚钱作为首要任务"中,AngelList 的首席运营官凯文·劳斯描述了成功的新兴企业应该是什么样的,他认为,如果一个组织的目标仅仅是赚钱,它将无法度过困难时期。当然,为了实现愿景,它需要赚钱,但如果没有独立的愿景来指导和激励参与其中的人,组织也不会成功。这方面的例子比比皆是:谷歌并非旨在成为全球市值最大的公司,而是要"整理全球信息,让每个人都能够访问"。苹果最初的愿景也不是拥有天文数字的股价,而是在史蒂夫·乔布斯的原始构想中,通过"为人类提供推动思维的工具,为世界做出贡献"。

部门愿景要与公司整体愿景保持一致

请注意,愿景和相关的 BHAG 并不仅仅是首席执行官和企业层面需要考虑的。就像玛西亚一样,如果你是一个团体、部门甚至是一个团队的领导者,你也可以制定自己的大胆愿景。但是这种愿景还有一个额外的标准:

它必须支持并与组织的整体愿景相一致。

例如，AIG 的黑板保险公司专注于承保，但它与公司整体利用技术和数据科学重塑保险的愿景相一致。同样，安德森癌症中心的"登月计划"实质上是由临床部门负责人创建的愿景，但它们都支持"让癌症成为历史"的整体愿景。

无论你是为整个组织创建愿景还是重新打造特定部门的愿景，都要记住这些定义和要求。它们将帮助你在整个过程中完善和改进你的愿景，并帮助你的团队做到同样的事情。

构思你的愿景

你可以将构思符合标准的愿景的做法分解为四个连续的步骤。第一步是，确定制定或修改组织（团队）愿景的正确时间。第二步是，制定你的初始愿景，并将其作为起点。第三步是，与自己的团队和其他利益相关者一起制定更详细的愿景。第四步是，你需要帮助你的员工，让他们将自己的工作与愿景对齐，以便他们理解他们的贡献如何产生影响。

第一步：确定时间是否合适

无论你是首席执行官还是部门、职能或工厂的领导者，你需要定期问自己是否拥有正确的组织愿景，是否是时候修改或制定新的愿景。如果你刚刚担任新的领导角色，这一点就更加必要。

然而，对于新领导者来说，经常会出现这样的情况，因为有太多事情要处理，很容易陷入日常活动中，从而忘记或推迟制定方向。

即使资深高管也可能变得过于被动。在同一组织中工作一段时间往往会使领导人对他们不断变化的环境视而不见——至少直到某些危机动摇了他们的世界并使他们的业绩下滑。但对世界变化的关注对于领导者来说至关重要。这是你作为领导者的机会和职责，要识别何时重新塑造愿景。

何时制定新的愿景？

也许很明显，由于环境的变化或新的组织机会，你需要改善或重塑你的愿景，就像世界银行的情况一样。或者很明显，当前的道路不起作用。

但是，需要一个新的愿景可能并不是显而易见的。例如，当帕特里克·奥沙利文成为英国鹰星保险公司的首席执行官时，公司的高级领导告诉他，公司的业绩良好，提供可靠、低成本的财产和意外保险的愿景已经足够了。

然而，当奥沙利文深入研究数据时，他意识到当前的商业模式并不奏效，英国鹰星保险公司之所以能够生存下来，是因为它低估了储备金，并且得到了其母公司英美烟草的市场压力保护。因此，奥沙利文花费了他最初的几个月时间与他的直接下属、其他管理者和员工团队会面，帮助他们理解所谓的"燃烧平台"。随着人们开始意识到业务状况的严重性，他能够与他们围绕"通过客户服务取胜"的全新公司愿景进行讨论。最终，这促使了英国鹰星保险公司的重大转变，并随后被出售给苏黎世金融服务公司。

我们要避免的陷阱是柯林斯和波拉斯所称的"我们已经到达综合征"。这是指你的团队或单位取得了惊人的成就，实现了你的志向和目标，却没有制定新的目标。在这种情况下，团队（以及你自己）可能会陷入回顾过去而不是展望未来的诱惑中。如果不小心，你就会因此变得自满，从而可能会错过下一个威胁或下一个竞争对手。避免患上这种综合征的有效方法是，确立一个新的挑战、新的愿景和新的目标。

例如，财捷集团花费了20年的时间实现改变人们管理个人财务的愿景，在此过程中成为软件业的强大力量，其旗舰产品为Quicken。然而，一旦它达到了巅峰，其他公司就开始复制它的成功，并涌入市场寻找吸引客户的新方法。

当布拉德·史密斯在2008年成为财捷集团的首席执行官时，他意识到公司过于专注于添加增量功能以提高稳定性，没有未来的大愿景。因此，他与他的团队合作，制定了一个新的愿景，成为"世界上最注重设计的公司之一"，将公司转向考虑如何让客户感到愉悦。

这一新的愿景引领着财捷集团以不同的方式设计产品，融入新的技能，出售传统产品（包括 Quicken），并重新思考许多工作方式。

找到做这件事的能力并不容易，特别是大多数领导者的时间已经很紧张了。创造额外的时间来致力于愿景是困难的，很容易被推迟到以后。因此，每年都要留出特定的时间来反思你的愿景，并思考它是否已经实现了它的目标。

例如，GE 资本前首席执行官加里·温特曾要求所有的业务领导人在执行战略规划之前，每年都要与他们的团队召开"梦想会议"。每个团队都有机会退后一步，梦想未来几年业务可能达到的高度，以及如何让业务变得显著不同和更好，这将迫使团队评估当前的愿景是否能够实现这一目标。

何时保留现有的愿景？

不要急于重新规划组织的路径。许多愿景可以持续多年，不需要进行重大改变。制定愿景需要耗费大量时间和精力，如果你过于迅速地改变方向，反而会产生破坏性的影响。因此，你只需要确保每个人都理解愿景，可能就足够了。

如果你确实想要暂时保留现有的愿景，那么请向你的团队和组织传达你的决定。通常，新领导者会感到他们必须立即大刀阔斧地重塑他们的部门或公司的愿景，或者其他人可能期望他们这样做。

但是，由于愿景是需要数年时间才能实现的愿望，因此完全可以说它仍然是正确的方向，但"我们还没有到达那里"。然后，你可以集中自己以及其他人的精力在需要继续前进的事情上，加快步伐或以一些新的方式实现愿景。关键是要明确你的决定，不要让人们猜测或想知道大型公告何时会出现。

最终，即使你和你的团队确信需要新的愿景，但作为新领导者，这可能不是你首先要做的事情。因为有更紧迫的问题需要解决，特别是与公司的生存或稳定有关的问题。

路易斯·格斯特纳是 IBM 的前首席执行官，他在 20 世纪 90 年代初接管了这家公司，当时该公司正在经历一场重大的财务危机。他因被误引用说过的话而出名，据说他曾说过："IBM 最不需要的就是愿景。"这被认为是一位著名高级领导者的惊人言论，他之前曾是麦肯锡的顾问，以其远见卓识和战略敏锐而闻名。

他真正说的是："IBM 现在最不需要的是一个愿景。"格斯特纳帮助 IBM 将其愿景重新塑造为一个提供综合解决方案的供应商，但他在第二年才开始这个过程。他首先解决了现金流问题，组建了正确的领导团队，并在任期初重新设计了公司结构。

如何判断你是否需要新的愿景？

要了解你的组织是否需要新的愿景，首先要评估当前的愿景。是否有一个愿景？它是否符合本章早期提出的好愿景的标准？（有关更多要问的问题，请参见表 1-4，"是时候创建或修订你公司的愿景了吗？"）

表 1-4　是时候创建或修订你公司的愿景了吗？

	如果答案是肯定的	如果答案是否定的
我们是否已经有一个清晰的、有说服力的、具有统一性的愿景，来规划公司在未来几年内的成就？我是否能够清晰地表达它？其他人是否经常提及它？	恭喜你。继续加强愿景并朝着实现它的方向努力	考虑是需要创造或改进愿景，还是需要更有效地传达愿景
如果我随机询问 25 个人关于这个公司（或这个部门）的愿景，他们会给我大致相同的答案吗？	再次恭喜你。你不仅有远见，而且每个人都知道它是什么	需要更有效地传达愿景
我们的公司所追求的愿景和在这里工作的感觉会让人们感到兴奋吗？他们是否有一种使他们的活动有意义的使命感？	这更好了。你的团队不仅知道愿景，而且也对它感到兴奋	这是一个信号，表明你有工作要做。你需要让你的团队参与进来，让他们在情感上与公司的方向产生共鸣
业务或竞争环境是否发生了重大变化？是否出现了具有不同商业模式的新竞争对手？我们是否无法再吸引优秀的人才？	这也是一个信号，表明你可能需要为愿景做些工作，并且你可能需要与其他利益相关者（例如客户、供应商）进行接触	你可能处于一个相对稳定的环境中（这在当今时代是不寻常的），也许你不需要专注于改变或修订愿景，但不要变得自满，继续监控周围发生的事情
我们能否将我们的使命、愿景和价值观（或运营行为）联系起来？	能够用所有这些片段讲述一个完整的故事是非常强大的。你做得很好	尝试将不同的片段组合成一个简单易懂的故事

如果你正在面试一个新的领导角色，你应该询问每个与你交谈的人，让他们描述一下愿景，不仅是公司的愿景，也包括你可能领导的部门的愿景。这是一个快速的方式，让你了解是否真的存在愿景，或者你需要改变它。在某些情况下，这将是显而易见的，因为要么是绩效不足，要么是存在危机，这可能是你被聘用的原因。然而，还有另一种情况，你可能会看到该公司需要一个新的愿景，但其他人可能不这样认为。

即使你已经在组织或岗位上工作了一段时间，你也应该定期测试每个人是否真正理解愿景，方法是随机与组织或部门中的一些人（比如，15~20人）进行交谈。请每个人快速分享他们对组织未来几年的发展方向的看法，以及他们对此的感受。如果你得到了许多不同的答案或者这些答案并不令人信服，那么也许是时候开始制定一个新的或者更新的愿景了。你还应该定期询问自己和团队，业务环境、技术或竞争对手是否发生了重大变化，是否需要重新构思愿景。

第二步：制定你的初始愿景

一旦你确定是时候制定新的愿景或修订愿景了，你需要起草一个关于初始愿景的草案，以启动流程并传达你对愿景应该包含的内容的观点。

这并不意味着你需要成为公司或部门的唯一愿景创造者，但同时，你不能缺席这个过程，只是给你的愿景制定团队一张空白的纸。根据对数千名组织中工作人员的广泛调查，詹姆斯·库泽斯教授和巴里·波斯纳教授在他们的《哈佛商业评论》文章"领导、创造一个共同的愿景"中指出，具有前瞻性是员工在领导者身上寻找的第二个最重要的特征（仅次于诚实）。换句话说，你的追随者——你所领导的人们，期望你能够设想、预见并为未来制定方向。根据你在组织中的不同位置，这可能意味着不同的事情。

在较低层面上，它可能围绕着阐述一种新的方式来更快地完成项目并产生更大的影响，或者显著提高对客户的服务水平；在较高层面上，它可能涉及设定你的部门在未来几年内如何产生影响的方向；在首席执行官层面上，挑战将是为未来十年找到一个令人兴奋的企业发展路径。

为了做到这一点，库泽斯和波斯纳强烈建议你首先与你的下属和其他追随者进行交谈和倾听。了解他们对团队、部门或组织未来的想法、梦想、希望和关注点。挖掘他们的愿望，找出对他们来说令人兴奋的点，以便你最终创建的愿景能够与那些必须实现它的人产生共鸣。

请参考"一个创造愿景的练习"方框中的内容，了解实现这一目标的方法。

一个创造愿景的练习

激发团队成员对愿景的想法的一种方法是要求他们重新定义他们的官方职称，以反映他们想要创造的价值和他们渴望对客户产生的影响。

伦敦商学院的丹·凯布尔教授在他的《哈佛商业评论》文章"创造性的职位头衔可以激励员工"中描述了职位头衔如何通过让人们更好地了解他们的工作如何创造价值并影响客户，来提高员工的满意度和参与度。迪士尼是采用这种方法的一个典型例子——它将主题公园员工称为"演员"，将工程师称为"创意工程师"。这些头衔与公司的整体愿景相一致，即"让人们快乐"。利奥尔·阿鲁西是客户体验公司 Strativity 的创始人兼首席执行官，他采用这种方法来帮助团队，让他们对可能一起实现的事情感到兴奋，这是团队愿景的本质。例如，该公司销售团队的成员提出了"客户第一印象总监""客户梦想实现经理""客户接待明星"等职位头衔。所有这些都表明团队希望客户在与公司的互动中感到特别，这是一个很好的团队愿景基础。（更多信息请参见阿鲁西的书《下一步就是现在：拥抱变革的 5 个步骤——建立一个在未来蓬勃发展的企业》。）

当然，你不能止步于此。你还需要融入自己的想法和梦想。其中一些愿景应该基于良好的商业敏锐度和洞察力。请观察一下你的周围。你所在的行业或领域发生了什么？你的组织或单位是否有能力满足未被满足的客户、市场或社会的需求？是否有新技术可以利用？

你如何区分你的组织与竞争对手（甚至是公司内其他部门）？从个人

的角度来说，你在未来几年或更长时间内想要产生什么影响？什么会让你觉得你真正做出了改变？

在你进行这个思考过程时，开始组合选项、选择和假设语句。例如，当吉姆·沃尔芬森首次考虑世界银行的愿景时，他考虑了专注于全球经济发展的措施，或让一定数量的国家达到一定的经济目标水平。最终，他坚定地决定消除贫困。

这部分是因为他在前往发展中国家的村庄和社区时听到了关于未被满足的需求和政府几十年无作为的事情。但这个决定也源于他自己深深的信念，即世界可以变得更美好，并且他重视改善个人生活的价值。换句话说，他的出发点不仅是知识上的，也受到他个人价值观的影响。

当你考虑为你的组织或部门创建第一版愿景时，请思考如何回应业务问题，同时保持真实。例如，请考虑以下几点：

- 你普遍持有哪些价值观和信仰，以及与你的组织使命或部门工作相关的特定价值观和信仰是什么？
- 你的领导价值观和信仰将如何实际地改善你的组织或部门？

一旦你确定了初始愿景的焦点或主题，还要考虑如何使其变得大胆、富有启发性。不要满足于你知道自己可以实现的愿景，而是要选择一些需要创造性思考、发现和实验的东西。记住，你在这里的目的是激励和激发人们的热情，而不是告诉他们该做什么。

同时，不要把全部负担都放在自己身上。正如库泽斯和波斯纳所指出的那样，你的工作不是成为未来的使者，为组织的下一步提供所有答案。相反，你的工作是开始对话，指明方向，并提出引人思考的问题，以帮助每个人对未来感到兴奋和鼓舞。

第三步：吸引利益相关者

一旦你有了自己的初步想法，就需要让其他人参与进来，一起发展和完善它们。让拥有不同视角的人参与进来，可以确保你创造出最好的愿景，并且在整个组织中迅速启动。例如，在世界银行，沃尔芬森和他的高级领导者积极与不同的利益相关者合作，提供意见，并基于他最初承诺的消除贫困的目标对愿景进行迭代和共创。通过让其他人参与，他创造了一个能够激发每个人的热情的愿景，同时也让许多人在这个过程中发表了自己的见解。

每个组织都是独特的，每种情况都有其独特的特点和角色阵容，但要让利益相关者参与，首先需要确定让谁参与，然后决定参与过程的形式。

你应该让谁参与愿景创建过程？

在选择参与愿景创建过程的人员时，你需要考虑谁能提供有价值的意见和不同的观点，以及谁需要参与到过程中。以下是一些需要考虑的问题：

- **你想将参与过程限制在少数人之内吗？** 你应该包括直接报告的人、团队成员或向更广泛的员工群体，甚至是整个部门或组织开放吗？与少数高级人员合作更快，你可以直接促进辩论，但你可能会让其他许多人失去发言权。你也不会得到太多的意见。

- **你想让你的老板或其他高管参与其中吗？** 在某个时候，你的老板需要支持你的愿景，因为他或她也对整个部门或企业的方向和愿景负责。所以问题实际上不是是否与老板沟通，而是何时沟通。提前告知你的老板你正在重新思考或重塑愿景，分享你的初步想法，并获得他或她的反应和想法可能是明智的选择。然后让你的老板了解这个过程并欢迎你的意见。当你向高管和其他高层人员展示你的愿景时，他们应该已经同意了。同样地，如果你正在为企业制定愿景，也要遵循这样的模式，甚至包括董事会。

- **你应该让你的客户也参与进来吗？** 你的客户和组织外部的其他人可以提供宝贵的观点。如果愿景具有外部视角并反映了用户、客户或组织服务的接收者的观点，那么愿景通常会更加强大，因此我们鼓励你将你的客户（内部的或外部的）纳入这个过程。以康尼格拉为例，当加里·罗德金于 2005 年成为康尼格拉的首席执行官时，该公司主要是其多年来收购的知名品牌（如 Hunt's、Orville Redenbacher、Hebrew National、Chef Boyardee、Marie Calendar、

Butterball 等）的控股公司。在担任该职位时，罗德金与客户进行了深入的交谈，并意识到客户实际上并没有将康尼格拉视为一家公司。因为康尼格拉以分散的方式与每个品牌打交道，所以康尼格拉很难利用其规模向沃尔玛等大型杂货零售商和门店销售产品。罗德金与客户的互动为他的愿景构建提供了信息，即将康尼格拉打造成一家价值 180 亿美元的"综合运营公司"，同时拥有众多子品牌，可以在更有利的地位上与沃尔玛和其他公司谈判。

然而，在考虑客户的参与度时，请记住你可能已经从持续的联系和聆听会议、满意度调查以及随着时间的推移建立起来的日常关系中获得了所需的所有输入。如果是这种情况，从他们那里获取更多的输入可能会有递减的回报。然而，在愿景创建过程接近尾声时，你应该与一些关键客户分享新建的愿景，以获取他们的反馈，并将其反馈用作衡量你的愿景是否合适的试金石。

这个过程应该是什么样的？

如何让人们积极参与、树立主人翁意识并提出符合我们讨论过的标准的愿景？

就像你选择参与愿景创建过程的人员的类型一样，你需要确定适合你情况的正确计划。我们这里有一些常见的方法。第一种方法是用粗略的第一版愿景来启动过程。第二种方法是向团队提供一些关键原则，然后让团队成员草拟第一版愿景（就像沃尔芬森在世界银行所做的那样）。第三种方法是设置一些问题，在焦点小组或访谈中回答这些问题，然后将出现的主题作为愿景的基础。在你决定选择正确的道路时，请考虑如何将你在上一步骤中的观点融入这个过程中。你想坚持它（作为原则）吗？你想让它成为对话的起点（作为初稿）吗？

例如，当卫斯理大学重新审视其愿景时，校长迈克尔·罗斯与几位同事一起起草了一份愿景草案。但卫斯理大学有许多不同的利益相关者（来自许多学科的教师、校友、学生、员工、社区），他们都从自己的角度看待事物，因此他知道这份草案将受到其他利益相关者的强烈批评，而事实也是如此。正如罗斯所描述的那样，这个愿景需要捕捉"在异想天开和前卫之间的张力；在想要有效和做出重要贡献之间的张力；以及通过一种深植于文科教育的包容性和慷慨精神之间的张力。我们希望它足够广泛，适合化学家和音乐学家"。但是随着它的传播和他的团队根据反馈进行改变，他看到它在不断改善。罗斯将这种充满激情的对话过程归功于最终愿景的广度。

那个对话也需要结束了。他感觉团队已经接近目标，愿景已经足够好了，于是宣布再过十天后，将停止这个过程。罗斯和卫斯理大学最终得到的愿景是：

提供一种以大胆、严谨和实践理想主义为特点的文科教育……在这里，杰出的学者型教师与学生密切合作，利用学科之间的流动性，用各种工具探索世界……同时建立一个多元化、充满活力的学生、教师和员工社区，他们具有批判性和创造性思维，珍视独立思考的能力和慷慨的精神。

从罗斯的角度来看，进一步的辩论并不会增加过多的内容，还会使声明过于复杂，并且也不会显著改善学校未来的雄心勃勃和令人兴奋的前景。

当然，有时候，在新愿景的合作方法上远没有这样谨慎。理查德·奥伯是新罕布什尔州慈善基金会的现任首席执行官，他在职业生涯早期运营着一个小型但不断发展的非营利组织时，参加了一次会议。他对于可能有用于筹款宣传册的想法有所领悟，于是他在一张废纸上草草画了一张简单的草图，然后在几天后的发展委员会会议上拿了出来。董事会成员之一说："嘿，这不仅仅是一本手册——它是整个组织的愿景。"委员会的其他成员也表示同意。只有在那之后，奥伯才将手册带给组织中的其他人来完善它。他在全体员工会议上展示了它，并征求了遗漏的建议，然后要求那些参与其中的人起草更完整的版本。由此，这些人开始对这个愿景产生了所有权感。

让其他人参与愿景的创建或重塑过程对于领导者来说可能是具有挑战性的，特别是如果你已经对你的组织或团队的发展方向有了强烈的看法。要想开展这种讨论，需要领导者接受他们并非所有智慧的源泉，事实上，他们可能没有最好的答案——这是谦卑的教训。这需要你更多地倾听而不是通知。但这种行为并不是被动的；它需要你高度参与、探究、提问、发现和挑战假设，并从许多不同的人那里学习不同的情境表述方式。它还需要你积极综合许多不同的想法和观点，并以新的、引人入胜的方式表达它们。无论你的观点在最终产品中体现得多么深刻，这个过程需要你用创造力和精力来不断学习、模式识别和有效表达。

第四步：将员工的工作与愿景对齐

一旦你完成了愿景声明的创建，就很容易认为你已经完成了任务，特别是，如果你已经让组织或团队中的大量人员参与了这个过程。然而，现实是，让你的员工参与创建或重塑愿景只是一个开始。下一步，也许是最关键的一步，是让你的团队或组织中的每个人看到他们自己的工作与愿景相关的地方，使愿景变得生动起来。

许多领导者认为，只要他们进行一些高层次的演示和公司会议，张贴一些海报并传播一些视频，他们的员工就会理解公司的愿景以及他们的工作如何为愿景做出贡献。虽然这些是了解组织前进方向的必要手段，但它们并没有特别帮助员工将愿景与日常工作对齐，或帮助他们挖掘其情感潜力。

让它成为一次对话

作为你在部门或组织中分享愿景的活动的一部分，坚持要求各级管理人员将他们的员工聚集在一起，积极地通过联系进行工作。他们应该主导这些对话，不仅仅是在你传播新愿景时进行一次，甚至不仅仅是在年度计划周期中进行一次，而是要定期进行，以便员工可以将新项目、倡议和问题纳入整体方向和愿景的情感结构中。

你应该亲自主导一些这样的对话，同时也应该鼓励你公司中的其他领导和经理与他们的员工进行类似的对话。在这些会议中，让每个人思考如何将他们正在做的工作与公司的愿景联系起来。哪些线索将过去的倡议和战略方向与这个愿景联系在一起？过去的努力如何帮助公司逐步建立并朝着愿景迈进？是什么让他们对愿景感到兴奋？如果他们的某些项目或活动与愿景不符，是否应该进行更改或停止？

讲述一个好的故事

在推销一个愿景时，一个关键的技能是能够讲述一个好的故事。一些商学院甚至将讲故事作为他们核心课程的一部分。一个故事可以将公司的愿景与真实的人、真实的情境和真实的情感联系起来，使人们感到他们的工作有所不同。

例如，在世界银行，沃尔芬森和他的团队通过描述世界银行正在改变现实生活中的特定项目和村庄，使消除贫困的愿景变得生动起来。世界银行的区域和国家领导人随后也对他们的人民做了同样的事情。在康尼格拉，罗德金通过讲述公司内员工如何跨产品领域协作，并利用采购规模获得更好的结果，阐述了成为一家综合运营公司的愿景。

在施乐公司，安妮·马尔卡希在20世纪90年代末期扭转公司局面时，有意采用了讲故事的方法。在全力挽救公司免于破产的紧张时刻，马尔卡希意识到她的员工渴望更高层次的目标，而不仅仅是日常问题的解决和运营。因此，她与团队成员合作，在《华尔街日报》编写了一个虚构的故事，设定在未来几年，描述了施乐公司如何走出危机并取得成功。马尔卡希希望能够创造"一个人们能够看到自己并且想成为其中一员的故事"。这种方法非常成功，以致多年后，她不得不不断提醒人们这个故事是虚构的。

讲故事的另一种方式是通过可视化来展现。一种叫作"起止表"的工具可以帮助捕捉你现在所处的位置和你要强调的方向。（表1-5展示了罗德金在康尼格拉时创建的一个愿景起止表。）

除非你花时间帮助你的员工理解愿景与他们的工作、个人价值观和情感的联系，否则他们可能会把你的新愿景看作墙上的口号，或者一系列随意和武断指令中的又一个变化，毫无头绪和理由。通过将愿景置于员工自己的经验背景中，你将更成功地引导他们朝着你设定的方向前进，并使愿景成为整个组织或团队最佳的战略统一体和激励因素。

表 1-5　康尼格拉的愿景起止表

从……	到……
独立销售品牌	品牌联合销售
一个业务单元或职能内的职业	公司内的职业生涯
多重供应链	一个供应链
数十种不同的补偿计划	有限的补偿结构
自上而下地指挥和控制	对齐目标的问责制
人力资源部门	人力资源专注于人才管理

思考问题

- **与愿景对齐**。你的团队是否对未来有一个明确的、共同的愿景？如果有，请确认你个人的工作是否与团队和整个公司的愿景相一致？
- **时机**。是时候修订或重新制定团队愿景了吗？现在制定愿景的目的是什么？它会有什么不同？
- **未来的重点**。你的团队愿景在多大程度上为每个人提供了令人兴奋的未来愿景？这个愿景是否足够远大，能够激发每个人对工作的创造性思考？
- **大胆一点**。你对团队愿景有什么大胆的想法？你能描绘一个让人们为之兴奋并愿意为之努力的未来愿景吗？这个愿景需要同时触动人们的心灵和头脑。
- **利益相关者**。在制定或修改团队愿景时，你需要邀请哪些人参与这个过程？团队成员？内部或外部客户？你的上司？其他利益相关者？
- **过程**。你将使用什么过程来制定或修改团队的愿景？你会先试着创建一个初始愿景吗？你可以将工作分配给团队吗？你应该将所有人聚集在一起吗？你可以使用虚拟对话或内部社交媒体吗？
- **沟通**。你可以使用哪些故事来让你的愿景生动起来，而不仅仅是一个口号或流行语？你能用一个"起止表"来描述这个愿景吗？

第二章

制定战略

> 战略的本质在于做出选择……领导者的工作之一是教导组织中的其他人了解战略，同时也要说"不"。
>
> —— 迈克尔·波特

在第一章中，我们介绍了"愿景"——创造关乎未来成功的统一画面的实践。要实现愿景，你需要一种战略——一组协调的具体行动，以实现愿景并在市场上产生影响。欢迎来到我们的第二个领导力实践。

许多战略讨论都是时髦的（例如，一刀切的伟大解决方案）或者误导性的（例如，在快速发展的全球经济中，战略已经死亡）。但是，战略始终取决于公司的特定情况，尽管它已经远远超出了企业规划的范畴，但这个概念并没有死亡。

培养战略思维，学会评估不同战略选择的权衡，将有助于你成长为一名领导者。我们采访的几位高管在本书中强调了成功的战略如何提升组织的影响力以及他们自己的领导力：美国运通银行法国分行的首席执行官大卫·温恩在 20 世纪 90 年代推出的突破性零售战略为他赢得了一系列良好的职业机会。安妮·马尔卡希因拯救施乐公司于破产边缘的战略而成为当时颇具影响力的首席执行官之一。

但是战略不仅仅是为首席执行官而设立的。大多数组织都有一个总体的企业战略，该战略由更专注于特定业务部门的较小战略支持，以推出单个产品或服务或指导特定的倡议。在任何层面上制定战略都为你提供了丰富的机会，让你磨炼领导技能——通过分析你的部门情况，了解在市场中运营的不同选择，并在其他人中建立对特定行动方案的承诺。在整个过程中，你还可以学习何时、为什么以及如何坚持这些决策——拒绝那些偏离你既定战略的倡议。

我们将向你展示这种实践的持久基础，然后引导你完成战略制定的六个步骤——从定义流程到做出决策并实施——以便你可以提升自己的影响力。

我们将从一个相对较大的组织中的战略制定过程的最新案例开始：PBS的一小队部门领导人通过适应性学习的循环，为一个新的儿童教育电视频道制定了一项战略。这项战略是从自下而上的倡议开始的，必须克服 PBS 首席执行官最初的疑虑，最终成了 PBS 近期历史上比较成功的服务之一。

PBS 儿童教育电视频道的战略

儿童节目一直是 PBS 文化和教育使命的一部分。但是像《芝麻街》和《丹尼尔老虎的邻居》这样备受喜爱的节目，历史上一直需要与本地会员电视台分发的其他所有节目竞争播出时间，因此儿童教育广播的时间总是有限的。

2005 年，PBS 采取了战略性举措，以超越其成员电视台分段的节目表，接触更多的儿童：它加入了一个合作伙伴联盟，推出了一个专门为儿童节目而设的全国性频道（在推出时，该频道名为 PBS Kids Sprout），通过有线电视和卫星电视全天候播出。该频道最初很成功，但在 2013 年，由于一些合作伙伴的优先事项转变和其他教育问题，PBS（在首席执行官葆拉·科戈尔的领导下）选择退出了该合作伙伴关系。

在退出之后，PBS 的高级副总裁兼儿童媒体和教育频道的总经理莱斯利认为，PBS 有机会拓展其面向儿童的教育服务。当她与当地电视台经理交谈并查看尼尔森收视率和其他数据，如谷歌分析，以更好地了解儿童的观看模式时，她发现仍然需要更多高质量的儿童节目，特别是在平日晚上和周末的所有时间。她还相信，如果 PBS 现在建立自己的儿童服务，与其曾经的合作伙伴分开，不仅会扩大整体学前观众范围，而且还可以帮助实现首席执行官科戈尔一直强调的愿景——触及更多无法负担有线频道或接入宽带互联网的电视家庭中的儿童。罗滕伯格向科戈尔提出了建立一个新的、全 PBS 的儿童频道的想法。

她的老板起初持怀疑态度。"我认为我们单独并没有足够大的市场，也没有当地电视台可以提供专门频道的频谱，"科戈尔回忆道，"我告诉莱斯利，她必须用一些真实的数字和可行的新战略来说服我。"

随着罗滕伯格收集数据并建立商业案例，科戈尔定期与她会面，审查她的发现，始终对她保持严厉的态度。从一开始，科戈尔坚持认为新战略需要回答三个问题：PBS 独自做这件事是否存在市场需求和机会？地方电视台是否愿意并能够提供此服务？PBS 在当前投资水平下是否能够从组织上发展和维持它？

"这个概念必须既有市场驱动，又要可持续。我们不能在一个一次性的想法上浪费资源。"科戈尔告诉罗滕伯格。但在反思后，PBS 的首席执行官开始看到了一些更广泛的潜力："由于数字技术的发展，媒体格局正在发生变化，尤其是儿童媒体。我敦促莱斯利与我们的数字团队负责人艾拉·鲁宾斯坦合作，共同制定这项战略。"

罗滕伯格和鲁宾斯坦开始合作，开始看到选择更多平台的好处。当团队成员集思广益，想出将教育游戏与电视节目相结合的方法时，他们的兴奋情绪不断上涨。这种方法基于研究结果，证明当儿童玩与课程目标相关的游戏和视频时，他们的学习速度会加快。他们开始邀请其他 PBS 职能部门（技术、会员关系等）的员工，包括工程师雷纳德·詹金斯，以拓展他们的创新思维并使运营细节更加具体化。

随着这个扩大的团队为一个新的儿童频道收集更多的具体信息，科戈尔成为他们的教练。首席执行官承受着压力，但也加强了团队的协作解决问题的能力，帮助成员们从彼此的专业知识中学习。通过这种方式，他们解决了技术问题，比如扩大常规广播节目的覆盖范围，同时也在数字和广播交叉的领域开发了教学理念。他们还集思广益，想出了不同的方法来降低成本。当科戈尔设定了一个目标，要求 PBS 电视台的会员必须承诺使用新服务才能实现可持续发展时，战略团队开始定期与当地领导人接触。这些讨论帮助团队塑造了新节目服务的轮廓，同时评估了建立和维护频道的影响。

通过与会员电视台的研究和持续讨论，战略团队成员制定了回答科戈尔最初问题的选项。然后他们努力缩小范围，得出最终答案，结果如下：

- 在社区中，确实存在一个可量化的市场机会，为组织提供高质量节目的全新儿童教育电视频道，特别是在决定针对更高的儿童参与度时，包括更多低收入家庭（通过广播）和越来越多被在线流媒体吸引的人群（通过数字化）。
- 还有机会将 PBS 的覆盖范围扩大到某些社区机构（例如医院，在那里孩子们会在奇怪的时间观看电视）。
- 会员电视台拥有可用于全天候向其社区广播此类节目的频谱，而且相当数量的电视台已准备好承诺这样做。
- 如果新的全天候儿童服务能够在现有节目的基础上逐步增加数字化功能，并且 PBS 团队之外的单位能够将此项目优先考虑于其他倡议，那么它可能在财务上是可行的。通过这种方法，现有的预算可以支持该服务，因为运营单位通过更紧密的合作来共享新的开发和持续的运营任务。

这些建议对 PBS 和团队来说都是一些艰难的选择。该倡议的成功将取决于足够数量的成员电视台的参与以及 PBS 愿意调配人力资源。这还需要 PBS 承诺一个将对组织运营预算产生永久影响的项目。

然而，团队的积极进取态度鼓励了节约成本的合作，并帮助消除了可能会出现的领地争斗。成员们不是为预算而竞争，而是共享资源以减少工作的重复和招聘。儿童部门减少了全新内容的开发，而是依靠现有的教育节目。数字团队则专注于通过直播流将频道上线。工程部门优先考虑了其技术工作以适应新服务。科戈尔解释了他们在战略过程中做出的一些选择："我们在开发一些近期新编程方面做出了一些妥协，以建立一个更强大、更长期的增长平台，通过这个平台，未来将会提供更多的编程。"

当科戈尔接受了团队的战略提案后，她开始在整个网络中倡导这项服务。在 2016 年的后半年，当足够多的成员电视台表达了他们的兴趣并且双方都同意了承诺时，首席执行官批准了该项目的启动。PBS 儿童教育电视频道（现在的品牌名称）于 2017 年 1 月正式上线。

首席执行官和战略团队与成员电视台合作，共同创建了一个独特的产品：唯一的 24/7 全国分发频道，提供有趣、基于课程的、非商业性的教育节目，可免费观看，并提供链接到教育数字游戏，可通过儿童数字设备在家或任何其他地方观看。PBS 儿童教育电视频道是一个引人入胜、多平台、互动性强和教育严谨的产品，在市场上是独一无二的。

这是一个成功的案例：大多数电视台在第一年都承诺提供全天候的 PBS 儿童教育服务，使其能够覆盖 95% 的美国家庭。这对于认可科戈尔的愿景和组织使命来说是一个重要的进展：PBS 在儿童群体中的收视率增长了 23%，其中在低收入家庭的增长率达到了 85%。

科戈尔认为，该项目的开发和推出是她在该公司任职期间制定的最成功的战略之一。她很快就会归功于莱斯利·罗滕伯格和共同创造它的整个团队。（科戈尔今天回忆起她在庆祝频道上线的派对上看到这么多人因为这个项目而做出诸多贡献时，她感到自豪和惊讶。）PBS 儿童教育电视频道随后成为当时 PBS 公司战略的重要组成部分，重点是开发高质量的非商业内容和强大的发行，改善 PBS 成员电视台网络的健康状况，并建立创新文化。

什么是战略？

我们将战略定义为组织、部门和团队遵循的协调一致的行动集：为客户创造独特价值、区分他们的表现、击败竞争对手并朝着他们设定的愿景前进。领导者通过引导他们的团队选择在哪里以及如何争取比竞争对手更好的客户来制定战略。（我们在这里的观点受到彼得·德鲁克、A. G. 拉夫利、罗杰·马丁和迈克尔·波特的开创性作品的启发。）

遵循一系列协调一致的有意行动提醒我们，战略并非偶然。尽管公司和计划有时会因为恰好处于正确的时间和地点而蓬勃发展，但持久的商业成功需要团队的行动是有意识的。PBS 儿童教育电视频道并不是仅仅偶然采取了新的战略，而是在科戈尔的领导下，罗滕伯格和整个团队协调一致地进行了计划。

"在哪里以及如何竞争"这句话指的是你将筛选出哪些选项和决策，以便为你的部门或计划制定战略选择。在创建产品、服务或其他业务计划时，你需要决定要关注的特定领域（例如，某个地理位置、行业或市场空间中的客户），以及你将如何为你选择的客户提供服务（例如，通过提供一系列福利、定价、品牌、额外支持等）。例如，对于 PBS 的新倡议，罗滕伯格和团队选择开发广播和数字媒体服务，并决定不像他们与 Sprout 合作那样与其他媒体合作。

这里的选择理念至关重要，因为正如迈克尔·波特所说："战略不仅关乎你要做什么，还关乎你决定不做什么。" 一项失败的战略的标志是试图迎合所有人，而没有专注的勇气。最佳战略是开发针对某些独特的且可防御的最佳点——多个变量之间的成功组合。例如，满足特定客户的需求；以合适的成本将产品或服务属性进行正确的组合；基于团队的特定优势来塑造产品；并以一种使竞争对手难以在同一领域击败你的方式来完成这一切。找到正确的战略最佳点，你也可以获胜。

制定战略的过程

当然，战略有时会失败（甚至是惊人的，正如著名的案例研究所证明的那样）。作为领导者，你的成长不仅要建立在成功的基础上，还要建立在从挫折中学习的基础上。制定战略的过程中可能会遇到很多挑战，但不要退缩。作为一个正在崛起的领导者，你也应该了解为什么战略会失败。

两个常见的陷阱是：

- 错误地评估外部市场形势或误判战略所需的内部能力，或两者皆有。
- 被突然改变你的业务游戏规则的趋势惊讶——例如，新技术或意料之外的竞争对手的出现。

在当今充满活力的全球经济中，这些风险越来越普遍。但即使最精明的战略家也可能会被这些风险搞得措手不及，你能做的就是尽力减少这些风险。

随着领导者更加有意识地试图对抗失败并更灵活地适应变化的情况，战略实践正在发生变化。过去冗长、聚焦于内部的规划流程已经让位于更加灵活、面向外部、短周期和边做边学的方法，这反映了许多硅谷初创企业所采用的思维方式和所谓的精益方法。这种思维方式在史蒂夫·布兰克的《哈佛商业评论》文章"为什么精益创业改变一切"中得到了典型体现，但实际上这些概念早在丽塔·冈瑟·麦格拉思和伊恩·麦克米伦1995年发表在《哈佛商业评论》上的文章"发现—驱动的规划"中就被引入了。精益方法可能看起来更为非正式和实用，但它也有自己的结构和逻辑。伟大的领导者仍然遵循着一个有意识地和结构化地解决问题的过程，以确定关键的选择并制定决策来塑造他们的战略。你也应该这样做。

那么，哪些是必要的步骤呢？一方面要通过分析和深思熟虑以做出正确的选择，另一方面又要拥抱速度、灵活性和适应性，以适应当今更快、更不可预测的环境。那么该如何找到正确的平衡点呢？

制定一个流程来实施你的战略选择

你在制定和实施战略选择时不能脱离实际。你需要通过一个有意识地解决问题的过程，与他人合作，逐步确定和塑造它们。即使现在制定战略的速度比以前的计划密集型方法更快、更不正式、更灵活，但一些方法论的规则仍然可以提高你的思维能力并让你的学习变得结构化。让我们通过一些典型的解决问题的步骤，帮助你为获胜战略做出正确的选择。

第一步：为战略的制定做好准备

首先，明确你的战略制定的总体目标以及你想要如何实现它。从一个简单的关键问题和任务清单开始，引导你的战略制定过程。

- **目的**。为什么你要制定新的战略？是什么推动了这种需求或机会？

你是否需要一种新的方法来实现你的愿景,或者你有一个新的愿景?你的战略应该从回答一个简单而有力的问题开始,即你的努力意图是什么。

在 PBS,科戈尔帮助罗滕伯格集中精力扩大儿童市场,提出了创建一个新的儿童频道的想法,并询问自己人们是否有这样的需求,如果有,该公司是否能够自行实现这一目标?

- **受众和利益相关者**。这项战略可能会使谁受益,谁必须参与制定它,以及谁最终必须批准它?关键的利益相关者可能是组织中的主要影响者、董事会成员或必须在战略交付中发挥核心作用的前线人员。可能还包括客户、合作伙伴和其他相关的外部环境中的参与者。

  在 PBS,科戈尔指导罗滕伯格,该战略虽然最终面向儿童和家长,但必须由 PBS 更广泛的组织和当地电视台的领导人共同制定并最终被他们接受。

- **范围、限制和潜在的实施影响**。战略必须定位于哪些领域和分析单元?(也就是说,战略是针对特定的业务单元、倡议或企业更广泛的部分吗?)从一开始就有什么限制或边界吗?如果战略被接受,会产生什么连锁反应?对其他合作部门、客户、品牌身份等有什么影响?等等。

  在 PBS,新频道最初作为儿童教育部门的服务战略而开始,但随着发展,它触及了组织的大部分其他部门。从一开始,它就被视为支持组织的更广泛愿景。同时,科戈尔对新服务可用投资的水平施加了重要限制。

- **参与者、参与度、可交付成果**。将由什么样的团队来制定战略?团队成员将如何相互合作,以及与更广泛的利益相关者群体合作?是否会有外出会议、虚拟会议、多次战略规划会议?会有多少次?何时进行?最终的战略形式将是什么样子?

任何战略的制定都需要在涉及关键利益相关者和专家的问题解决方案中找到正确的平衡,同时用足够小的力量以保持灵活性和实用性。正如 PBS 团队所代表的那样,最好的项目是一种混合型的:组成一个小的中央团队,然后根据需要定期吸纳其他贡献者。由罗滕伯格和鲁本斯坦领导的团队是来自 PBS 不同部门的儿童媒体和技术专家的核心，其成员定期会面，并根据系统内其他领导者和关键员工的意见来打造项目。（请参见"不要单打独斗"方框中的内容）

不要单打独斗

无论你的角色和相对权力如何，你都不应该认为制定战略的过程仅仅依赖于你一个人。你需要批准你所负责的战略，但重要的是，你要了解你面临的限制和机会，以及谁还将共同承担整体责任。如果你被要求为你的部门制定一项战略，从而为更广泛的公司战略做出贡献时，你可能会收到一系列的假设和资源，这将限制你能够开发的选项。

无论你的最终战略制定责任范围如何，都要抵制成为全知全能、英勇果断的决策者的诱惑。在制定战略的过程中，你要通过倾听其他人的意见，调用其他专业人士的知识，跨越组织内外进行协作，确保你的过程能够识别出正确的问题领域并探索最可行的想法，从而制定出更好的战略。获取帮助和外部视角来分析和建模不同想法的财务和实施考虑因素也是非常有价值的。新鲜的视角可以减少通常不可避免的确认偏差。

我们与许多伟大的领导者交谈时，他们都强调了放手并开放心态，还指出考虑战略解决方案时要考虑到其他人的观点。科戈尔承认，当罗滕伯格向她提出创建新的儿童频道时，她过于怀疑。不过即使在质疑她的总经理时，她也保持了开放的心态，这是她的功劳。当听到对你的想法提出反对和关切时，尽量减少个人偏见尤为重要。最好的领导者会有意识地倾听他人的意见，并了解和克制自己的偏见。能够听取异议意味着你会"明白为什么现状不一定是商业运作的方式"，用施尼策钢铁工业公司的首席执行官塔玛拉·朗格伦的至理名言来说。

此外，如果你在组织或团队中没有考虑他人的观点，那么你将会承担所有的工作，而且通常不会有好的结果。正如社区设计公司背景伙伴的创始人查理·布朗所说："当我刚开始创办公司时，我以为首席执行官的工作是提供所有问题的答案。"直到一些员工和客户告诉我："如果你

> 停止试图独自完成所有事情，（你的公司）会做得更好。这个战略需要利用更广泛的人际网络。"我现在已经把这个规则作为我们公司运营的准则。

当你的团队开始工作时，要确定你们的努力必须产生的最终产品以及面向的对象：是书面计划，向你的老板展示的演示文稿，还是面向首席执行官的高管备忘录？它是否包括（通常情况下）具体的目标和目的、与愿景的契合度、分析、倡议的理由、财务模型、竞争分析、风险和回报的评估等？

在制定最终战略并向整个组织推广之前，先考虑如何进行沟通。尽可能多地让利益相关者参与其中，包括一线员工，这将有助于更好地获得认可。对于那些没有积极参与的人，良好的沟通尤为必要。在 PBS，科戈尔指出 PBS 儿童教育电视频道战略的一个重大成功是团队在公司的多个部门中引起了员工广泛而持续的参与和热情。

第二步：设定战略目标

在做完这些准备工作之后，与你的团队讨论制定整体战略的成功标准——如何想象出一个伟大的结果。为了更具体，接下来考虑一些具体的目标，以及该战略将如何帮助你的组织朝着未来愿景的方向发展（参见"检查你的愿景"方框中的内容）。

由于精益式战略制定涉及迭代学习和思维演进，因此在你制定战略的过程中可能会出现不同的战略选择。但无论前进的道路如何，最终的成功衡量标准（你最终要实现的目标）可能会保持相对稳定。选择明确表示价值和影响的衡量标准，让你团队的愿景和公司更广泛的愿景相一致。你选择的目标也应与你的关键利益相关者产生共鸣。

在 PBS 儿童教育电视频道的案例中，科戈尔和战略团队早期就达成共识，潜在新频道的节目必须达到特定的受众规模，这是通过同意提供服务的会员附属机构的门槛来衡量的，他们特别强调要触及更多低收入家庭。

他们也明白，频道及其节目必须符合 PBS 的教育改进国家的使命和网络的企业战略，即建立和发布优质内容，确保强大的会员电视台能够接受，并促进创新。

不同的企业和不同的战略将有不同的成功衡量标准。比如，一个有远见的业务部门，想要达到新的市场增长水平，可能会制定针对特定客户群体的最重要的财务目标或实现新产品收入占比的战略目标。对于致力于消除贫困的民间或政府组织来说，战略目标可能是为特定社区提供食品和保障住房，或提高其就业水平。对于大卫·温恩来说，他成了陷入困境的美国运通银行法国分行的首席执行官，他的组织愿景是通过全球公司的消费者金融专业知识来振兴机构。他制定了战略目标，使银行再次盈利并扩大市场份额，以对抗金融竞争对手。

一个好的战略应该追求实现一些相关的目标，这些目标应该是组织利益相关者容易理解的。同时，它应该简单地解释如何实现这些目标将反映出对其愿景的进展。（通常将战略目标进一步细分为具体的目标和执行计划的中间结果。请参见第四章。）

检查你的愿景

因为伟大的战略源于愿景，所以在早期，你需要检查团队和组织的愿景。这是愿景实践发挥作用的地方。如果你的团队没有明确的目标来凝聚力量，你就无法制定战略来获得成功。如果你不清楚你的目的地，你怎么能选择到达那里的特定方法呢？对目的地的明确认识还会让你更明智地考虑应该选择的不同路线。

你还必须问问自己更深层次的动机：你想要新战略的渴望真的也是对新愿景的渴望吗？要诚实。有时候，团队的愿景确实需要更新或改变。这可能只有在你开始制定新战略时才会变得清晰。

因为愿景和战略密切相关——"我们想要到达哪里，我们将如何做到"，它们经常同时发展。如果你觉得战略与愿景必须一起制定（或重新制定），就不要让这个双重过程变成一个无休止的循环，也不要让你的战略强制性地改变组织的目标。最终，愿景应该足够广泛和持久，以便在

> 不同情况下从不同的战略中受益。
>
> 随着市场、技术和竞争形势的变化，你可能需要制定新的战略，以实现愿景中想要实现的成功目标。

第三步：了解你当前的状况

一旦你为你的部门或公司的更大愿景和战略设定了目标，就要回头了解一下你当前的状况。对你团队的现有业务进行诚实的评估，包括当前业绩、资产、能力、竞争基础等。然后，对于你的部门或公司所处的世界，做同样的事情，看看这种情况下会发生什么变化（例如，消费者口味的转变、新的竞争对手出现、新技术重构商业模式等），以及这些变化带来的威胁和机遇。这种双重评估将为你开发、改进甚至转变你的竞争方式和价值主张提供基础。

你可以用多种方式来评估现有团队的表现。这可能会因为你公司的表现已经被记录和理解，以及你现在感觉需要的分析严谨程度而有所不同。一个彻底的精益工作可能从最小的分析或一个起始草图开始，然后进行迭代测试和改进，但仍然必须回答一些基本问题，例如，"我们今天是谁，我们如何适应外部世界和新的挑战？"

其他框架可以帮助解决这些问题。例如，彼得·德鲁克的企业理论，即关于公司运营方式（以及运营效果如何）和这些方式是否适应当今竞争环境的"政策、实践和行为"的常规假设。或许你想更详细地分析你的商业模式，其中包括你向客户提供的关键价值主张；你如何赚钱（无论你是营利还是非营利组织都很重要）；以及通过你依赖的流程和资源来提供价值。当前情况评估还应考虑人才、财务和技术资源、文化、品牌和类似资产等方面，以便为你制定获胜战略提供支持。

任务的第二部分——了解你所运营的公司的外部情况——是复杂的：你必须考虑的不仅仅是现有的市场、客户和竞争对手，还有那些由社会、经济和技术趋势引起的新兴和变化中的市场、客户和竞争对手。现在也是时候评估市场的重大不连续性，以及新兴竞争对手是如何重新创造为客户服务的传统需求（包括克莱顿·克里斯坦森所称的破坏），或创造以前不存在的全新市场。

一线员工是获取这些观点的重要来源（这也是将关键岗位的人员纳入战略任务组的另一个原因）。在任何情况下，你都应该确保利用他们的经验和观察，包括外部工作力量（不断变化的客户需求、新兴竞争对手、定价压力等）和内部工作力量（例如，组织障碍或操作效率低下会影响公司的竞争力）。

许多现成的分析都评估内部和外部问题，大批顾问乐于提供进一步帮助。通常他们会用自己的特殊工具，包括越来越多的分析和大数据解释技术。但要小心：你可能会被你认为必须完成的分析数量压倒，即使（有时尤其如此）你有顾问的帮助。（请参见"何时引入顾问"方框中的内容）限制和竞争的速度再次迫使你做出一些选择。不断地问自己，正在进行的调查是否仍然为战略制定的过程增加了实质性的好处。不断积累有关所需努力的经验：理想情况下，当你已经做足了大量正确的工作，而实现愿景的大致情况时，就要及时收手，以免失去动力和机会。这些是区分有效领导者和无效领导者的判断性决策。

在 PBS 案中，科戈尔不仅挑战罗滕伯格探索独立儿童频道的市场需求和电视台能力，还要利用鲁宾斯坦及其数字团队同事对技术、对媒体格局的不断影响的了解。这本来可能会成为一个几乎无穷无尽的研究项目，但是通过与一些已经成熟的专家合作，挖掘 PBS 已经丰富的受众研究，以及各地电视台经理的意见，PBS 战略团队找到了正确的平衡点，既足够全面，又不必过于详尽，以便为新频道做出必要的设计选择。

何时引入顾问

战略顾问可以提供帮助，但将所有关于战略的思考交给外部人员是一个错误。你和你的团队可能没有能力独立运行一个战略项目，但你们需要集中参与并掌控这个过程。顾问可以通过提供便利和专业知识来减轻负担。顾问还可以通过客观地提出问题和框架来帮助你的组织反思自身，不带政治偏见。但最终的战略必须属于你和你的组织，而不是外部人员。

识别关键问题和需要解决的难题

在综合内部和外部调查结果时，努力确定需要解决的关键问题和难题，即在比较趋势或外部条件与组织当前所做的事情之间存在不匹配或明显的机遇的地方。你的核心任务是选择与战略相关的问题，以框定关键选择并最终塑造整体战略。

例如，随着研究的深入，PBS团队意识到新儿童频道的战略必须解决几个关键问题：第一，具体设计频道的节目服务，以提升与低收入家庭儿童目标受众的参与和学习机会。第二，确定将广播内容与数字游戏整合的最有前景的机会。第三，将新频道与儿童媒体市场中的其他频道区分开来。第四，确定跨平台方法的运营影响。第五，揭示将新频道添加到当前成员电视台的运营中的财务和技术影响。以及，其他许多问题。

第四步：确定在哪里竞争和如何竞争的选择

一旦你明确了自己的目标并了解了团队当前的情况（内部和外部），你就可以开始确定定义你的战略的关键选择。我们一直在使用的战略制定简称——"确定在哪里竞争和如何竞争"——反映了两个核心的、相互关联的决策，这代表了你追求愿景的影响力公式。

最终，他们将构建一种独特的且具有防御性的价值，这是你的战略必须努力创造的最佳点。

请记住，正如我们在原始定义中所讨论的那样，"在哪里"和"如何"竞争是几个更微妙的主题的占位符。"在哪里"可能是字面上的地理位置，例如法国的特定市场或伊拉克的特定作战区域。但它也可以表示一定群体的客户，由选定的人口特征定义，或者是一个行业部门的公司群体，或者是批发和零售渠道之间的区分，或者其他许多事情。由于市场机会的细分已经成为一门独特的科学，你可能需要一些专业知识来帮助你。

"如何"竞争可以涉及产品或服务，销售它们的特定市场，或两者的组合。"如何"也可以指你选择的特定方法，用于你的包装、定价、品牌、融资、客户服务以及许多其他事情，包括你是在内部完成这些事情，还是从外部购买，或者获取新的能力（请参见"请斟酌是选择自制还是购买，或者是收购"方框中的内容）。"如何"结合了"是什么"、"为什么"和"以何种方式"，你正在使用它们来为你的"谁"创造独特的价值。

对于温恩负责运营的美国运通银行法国分行来说，一个新的零售产品的设计——包括特点、定价、监管合规性、支票书写服务、利率等——是消费者转型战略的核心。

请斟酌是选择自制还是购买，或者是收购

在制定战略的过程中，一个潜在的选择是是否自制或购买新产品、服务或战略所依赖的其他收入来源。领导者通常会寻求外部资源，进行收购或开发他们认为的比自己公司开发更具成本效益、更快速或更具创新性的解决方案。收购另一个公司，无论出于何种原因，都可能是一项艰巨且充满风险的任务。如果你不是首席执行官，很可能需要得到更高级别领导者的大力支持才能进行此类行动。尽管如此，如果你仍然认为这样的举措对你的战略有价值，那么在开始前请了解一些影响。首先，要知道"是自制还是购买"可能是一个错误的二元选择。在开发新技能或资产时，公司总是有其他的选择可供考虑，包括承包新服务、建立产品或特定市场的合作伙伴关系、组建更广泛的合资企业等（更多信息请参见劳伦斯·凯普伦和威尔·米切尔的《企业成长的动力：内增、外借还是并购》一书）。其次，确保你已经充分考虑了内部选择。你可能过于快速地假设你的公司缺乏战略所需的知识、技能或资产。有时，所需的资源确实存在于公司内部，但它们可能不在你所在的具体部门，或者由于公司的结构而目前无法获得。

当不同的部门开始跨界合作时（例如，PBS儿童媒体和数字部门的合作），你可以创造新的效率或激发企业创新。如果你正在为你的部门制定新战略，请考虑是否有公司其他同事可以与你合作，以实现所需的目标并使你的部门受益。如果全面的外部收购确实是你的新战略的最佳选择，那么请尽早向你的领导和相关的外部专家寻求适当的建议和支持。你可以提前为这些讨论做好准备：

> 1. 考虑潜在收购将如何直接强化你的特定战略。请记住，收购只是支持战略的工具，而不是战略本身。同时要知道，不同类型的战略将通过不同类型的收购得到服务（例如，取决于你是进行产品拓展还是全面重塑业务模式等不同情况。请参阅克莱顿·克里斯坦森等人的《哈佛商业评论》文章"新的并购策略"）。
>
> 2. 面对现实，收购往往比起初看起来更加复杂和不确定。研究表明，约70%的收购会失败或未达到预期。如果你继续前进，你和你的公司是否准备好承担潜在的财务和声誉风险？
>
> 3. 利用一些先进的假设情景分析，了解你的潜在收购是否真正可行。罗恩在他的《哈佛商业评论》文章"你真的准备好收购了吗？"中提出了一个智能的"回溯规划"框架。他建议创建一个高层规划图，展示合并后的公司或合并后一年的整合会是什么样子（包括融资、组织结构、流程、文化、人员配备等），然后对实现这一目标（完成收购）所需的条件进行回溯分析，包括资源和时间（投资、团队、流程）、治理和监督、必要的技能等。

PBS 儿童教育电视频道专注于"地域"战略，旨在针对会员电视台社区中的儿童和家长（尤其是母亲），并特别努力接触没有有线电视接入的低收入家庭的儿童以及使用数字设备进行流媒体播放的其他人。最终形成的战略的"如何"是开发高质量的、基于课程的、非商业性的教育服务，具有跨平台的交付功能和互动性。

从问题到机遇

要开始为你的战略制定"在哪里"和"如何"的选择，需要考虑在前一步骤中确定的问题，例如过时的商业模式、逼近的竞争对手、成熟的产品线等。在考虑这些问题时，你的分析可能会激发新的想法，以实现更好、更不同寻常的创新。寻找适应变化环境的新方式，寻求获胜的机会，例如利用新技术加强成本优势，重新部署人才以提高客户体验，或者根据不断变化的文化口味调整产品。你还可以考虑合作或甚至收购另一家企业，以开拓为客户创造更多价值的新机会。请不断地问自己和你的战略团队：鉴于我们对公司及其竞争对手和外部运营环境的了解，我们是否能做出更卓越和独特的事情？

制定最佳战略选项需要除了分析技能之外的创造力。领导者可以通过研究其他企业的创新增长方法并进行头脑风暴，看看是否有可以适用于自己公司的模式，来提高创造能力。你也可以在制定战略的团队之外寻找新思路：让团队成员与一线员工一起进行头脑风暴，与领先客户合作探索创新方法，或者咨询公司之外的人员（组织）。例如，你可以与大学或设计公司合作，或者与外部专家合作，从其他行业中借鉴完全不同的商业模式。

我们在采访高管的过程中，不断听到基于向他人学习而制定的战略——麦肯锡全球管理合伙人多米尼克·巴顿提出了创新的客户服务方法，这些方法正在公司全球网络的不同角落进行实验。塔玛拉·朗格伦基于她在德意志银行早期职业生涯中使用的技术，在欧洲应用新的抵押贷款证券化方法，创造了更具创新性的产品。在 PBS，在科戈尔的指导下，罗滕伯格通过与其他同事合作，拓宽了自己的视野，共同开发了一个结合广播和数字服务的项目，包括交叉内容和与广播节目相关的互动学习游戏。

缩小可能性

PBS 战略团队通过组织内的广播和数字部门之间的更多讨论和问题解决，以及与成员电视台的持续研究，进一步完善了最终战略选择，从而使所有利益相关者能够相互学习并了解专门的多平台频道的成本和收益。团队能够根据结合观众规模的一些基于事实的预测，以及当地电视台收集和分析的反馈和做出的具体承诺来做出决策。

当你开始制定不同的战略选择——通过探索在哪里和如何竞争的不同组合——你需要确定一些过滤器来进行最终的押注。其中一组过滤器应该是波特的五项优秀战略的基本测试（见下一页方框中的"你的战略需要通过五种测试"）。除此之外，还有一些常见的因素也应该成为你调查的一部分：标准成本、利益、风险考虑。你的组织实现价值主张的可能性。如果新战略不奏效，你可以依靠或改变方向的灵活性有多大。特定选择是否还能提供学习经验，以更普遍地改善未来的绩效。当然，该战略与你对集团的愿景以及你组织的整体战略和愿景的契合程度如何也很重要。

你的战略需要通过五种测试

在琼·马格雷塔的书《理解迈克尔·波特：竞争和战略的基本指南》中，她概括了波特创造和维持竞争优势的五个原则。你已经看到科戈尔和罗滕伯格以及团队如何围绕这些要素制定他们的战略。你也可以使用它们来做出自己的关键决策。每个好的战略都必须具备：

- **独特的价值主张。**你在选择在哪里和如何竞争方面做出的决策是一种权衡——在你的整个公司背景下，你将选择为哪些客户提供服务，以及使用哪些产品、包装、定价等来满足他们的需求？这些方案将如何比市场上的其他方案更好、更不同？

- **定制的价值链。**为特定目标受众提供独特的产品或服务是一回事，但你还必须在交付时做到独一无二，以免被竞争对手模仿。这可能意味着你要改变工作方式、重组组织或增加（或减少）额外成本。

- **权衡取舍，使你与竞争对手区别开来。**正如我们所提到的，战略不仅仅是关于你决定不去做什么，因为如果没有集中你的努力和资源，将很难达到在某些方面独特的门槛。缺乏重点会削弱你试图与其他竞争对手竞争的重点和能量。因为没有组织能够面面俱到，并满足所有客户的需求，而资源也从来不是无限的。你将不得不停止一些事情，选择正确的事情。

- **战略契合。**战略契合的概念虽然难以捉摸，但非常重要——确保战略的设计和定制能够让你的组织比其他组织做得更好，符合你的文化和价值观，并调动内部能力，使其与你服务的外部客户的需求相协调。当战略的各个部分无缝地、自然地结合在一起时，它就像一个自我放大的系统，提供战略专家所说的"一致性溢价"（参见保罗·雷旺德与凯撒·曼纳迪在《哈佛商业评论》中的文章"一致性溢价"）。

- **时间的连续性。**尽管战略不可避免地需要新的思考和新的工作方式，但改变太多或太快可能会失败。创新不应该完全抛弃你的传统，否则你可能会让客户感到困惑，或者破坏你未来的人际关系所依赖的信任。

当你开始制定不同的选择方案时，你会感受到风险和压力，以做出正确的选择。仔细分析和使用正确的过滤器至关重要，但请记住，从"我们现在的状态"到"我们想要的状态"不能仅通过理性计算来实现。你不能通过分析找到一种出色的新运营方式，也不能确定哪种新产品或服务会起飞并帮助你的组织腾飞。通过考虑一些非实质性的因素，例如，新战略的紧迫性；是否是进行重大变革的正确时机或者最好等待一段时间；你的团队对某个新战略的想法是否已经做好了情感准备；组织内部部门或运营组之外的潜在连锁反应（无论是积极的还是消极的）；你是否拥有所需的人才，如果没有，你是否能够快速找到并雇用他们；以及你自己是否有足够的信心和力量来做出所需的决策，从而提高成功的机会。现在我们来谈谈你在做出最终决策和行动中的领导角色。

第五步：评估选择，让利益相关者参与进来，朝着决策前进

尽管你的战略团队聪明且勤奋，但第一次不可能做到完美无缺。作为领导者，你必须为你的团队设定学习和适应的基调，以获得最佳答案。新信息将出现，情况将发生变化，漏洞将浮出水面，揭示你的"在哪里"和"如何"选择中的缺陷。良好的战略制定，特别是在今天的运营环境中，更像是一个持续的过程，而不是你一次性做出的决策。认识到这一现实你就会明白为什么精益方法越来越受欢迎。请远离那些一经关键高级领导人发表意见就变得完整无缺、一成不变的战略制定和规划。

但这并不意味着制定战略不需要做出一些最终决策，实际上，从分析和辩论选择到实际行动的转变是必要的。知道何时进行这种关键转变是好的领导力发挥真正作用的地方。这些步骤之间的界限现在变得更加模糊，战略通常更具迭代性——通过测试、学习和持续调整来标记，而不是突出的最终性。PBS 儿童教育电视频道就是一个以其自身简单的方式，慢慢演变和改进解决方案的例子。

在制定自己的战略时，考虑采用精益创业方法中至少两个边干边学的方面。首先，在确定不同的竞争领域和方式时，与之前在制定战略的过程中确定的关键利益相关者交流这些想法，并进行相应的改进。

其次，考虑采取进一步行动来测试你的想法——实际运行你之前认为的最有前途的选择的测试或实验（例如，建立产品或服务的原型、模型，然后与利益相关者分享，以观察使用情况、漏洞和操作挑战）。这样的测试将揭示什么是有效的，什么是无效的，你无疑会获得洞见，使你的战略变得更好。正如罗恩·阿什肯纳斯和洛根·钱德勒在他们的《哈佛商业评论》文章"更好的战略规划的四个技巧"中所写的那样，测试也可以打破不确定性引起的混乱。

最后，测试和实验可以帮助你更深入地了解要克服的障碍以及大规模实施所需的资源和系统。它还可以突出你可以包装和销售的价值的新方面，或者添加到你的营销活动中。

你可以在任何制定战略的过程中使用测试，尽管你的情况可能需要不同程度的严谨性。常见的做法包括设置特定的假设进行测试，让对照组和体验新产品或服务的组进行比较，根据早期测试的结果进行迭代、改进等。在关键时刻，你的战略制定团队应该反思所学到的内容，并进行头脑风暴，以提高成功的机会。

PBS 儿童教育电视频道的战略主要涉及打包和分发成员电视台已经知道的内容，因此团队只进行了少量和非正式的测试，主要是通过与其他领导讨论样本节目时间表来进行。但是，游戏和数字流媒体产品的整合则更具实验性，团队创建了一些简单的原型，以帮助网络高管理解和评估概念，并将其与目标受众进行测试。团队还利用了美国教育部"准备学习"补助金资助的现有研究，该研究验证了将广播节目与同一学习目标相关的游戏相结合的教育效益。

避免犹豫不决

测试、学习和发展战略不能成为拖延决策的借口。作为领导者，你必须既开明地接受新思想，又致力于行动。你不能永远制定战略选择。在某个时刻，你必须决定并承诺一项战略，否则就会失去宝贵的动力。因此，在 PBS 经过一年的开发和测试后，科戈尔和她的团队与会员电视台正式推出了 PBS 儿童教育电视频道。

这并不意味着在战略推出后你就不应该继续寻求学习和改进。随着时间的推移，纠正错误和完善改进总是正确的。但在开发和测试的初始过程之后，团队需要一个明确的信号来前进并致力于协调行动。找到合适的时机——知道你不仅分析了足够的信息，还进行了足够的真实性（可行性）测试以解决剩余的实际问题并相应地进行调整——然后有勇气向前迈进，这是领导者的关键职责。在制定战略时，留意合适的时机以做出决策。

第六步：分配资源并管理实施

当你开始分配资源并将实施纳入运营流程时，这是你真正启动战略的最明显的信号。这也需要一些先期思考和准备。在制定战略的过程末尾，你将需要进行更详细的财务和组织建模，分析所需的投资和人员、基础设施的增加或修改、组织结构和职责的变化等。

一旦你和你的团队达成最终战略协议，你必须将选择和决策纳入公司现有的系统中：你必须将资金、成本分摊和预期收入（如适用）整合到预算编制过程中。你必须在公司的人力资源系统中安排新的招聘和培训。你必须将战略中的任何新的运营、技术和基础设施要求适当地引入其他功能中（有关更多详细信息，请参见第三章和第四章）。

但是，启动实施开关并不是纯机械的。作为领导者，你还必须确保你的组织以一种能够产生你所期望的结果的方式拥抱和追求新战略。

为了做到这一点，你需要特别注意战略的管理，以实现最高的绩效——明确关注适当的进攻性目标，良好地融入绩效评估中，摆脱组织结构和文化中可能存在的限制性障碍，以及类似的问题（更多内容请参见第四章）。

除了提供实施的运营整合，你还应考虑一些额外的步骤，以确保你的战略能够正确启动并建立关键的早期动力。

聚焦投资

规划和测试总是比最终公开推出新事物更容易。一旦你同意了战略的实施，你可能正在成为一个英雄，但即使是一个有前途的战略也可能失败，让你面临批评或更糟的情况。但是当你准备好了，就要有勇气向前迈进并接受后果，因为除非你参与其中，否则你肯定会被视为失败者。许多领导者在执行的关键时刻退缩，这会降低他们成功的机会。

安妮·马尔卡希再次回顾了她领导的施乐公司的转型经历，强调了作为领导者考虑资源分配的重要性："我必须行使的许多领导职责是争取为新的倡议获得所需的正确资金和人员。领导者通常不想通过做出艰难的决定来暴露自己的失败，因此他们会进行子优化，把这点钱放在这里，那点钱放在那里，但没有足够的动力来突破。这些决定真的很难，因为不可避免地，你正在从一群人那里拿走钱来支持另一群人。"

随着实施的推进，你还需要继续强化对组织停止做什么以保持战略重心的纪律。仅仅因为每个人似乎在这个或那个研讨会上都同意进行重大变革，就停止这个或反对那个旧的倡议是不明智的，因为这并不意味着他们会信守承诺。积习难除，传统和熟悉的东西很难一时就做出改变。PBS 为了支付新的专门的儿童教育电视频道的费用，不得不推迟新节目的推出并进行一些组织重组。科戈尔必须做出并执行一些最终有些困难的决定。

清晰地沟通

任何战略制定的过程都会有其复杂性。作为领导者，你的工作还包括简化和传达你的选择，即团队将在哪里和如何发挥作用，以及为什么要这样做。组织内的每个人以及其他利益相关者（组织中的同事、董事会成员、客户、投资者、合作伙伴等）都必须了解战略的意图，为什么是这个特定的目标，以及团队将如何实现它们。

让你的关键信息简短、有力、易于理解。它们应该清晰地将战略与愿景和使命联系起来。不断重复它们，在你与利益相关者的每一次互动中，你都要清楚地表明战略对他们每个人意味着什么。（你一路上所进行的讨论和实验意味着关键原则不会让人感到惊讶，但它们仍需要不断地加强。）马尔卡希在公司战略转型期间不断地与施乐公司的员工进行沟通。她在与全球利益相关者会面时，总是解释他们的工作如何有助于公司的战略转型。

通过避免概念性的行政用语，以有针对性的、实用的方式来解决变革的影响，她成功地使战略转型对自己产生了个人意义。

在 PBS，科戈尔继续投入大量时间向系统和广泛的利益相关者推广 PBS 儿童教育电视频道，从个人角度出发，坦率地谈论了该战略的重要性，以及她的愿景和 PBS 更广泛的教育使命的契合度。她在与组织内不同领导、董事会、电视台经理和 PBS 网络中的其他社区领导者联系时非常有条理。她现在还经常在与现有的和未来的捐赠者（投资者）沟通时提到 PBS 儿童教育电视频道。

不断学习，不断适应

战略必须不断更新的观念并不新鲜，但组织面临的压力比以往任何时候都更加严峻。精益和边干边学的战略方法的兴起反映了新一代组织找到适应更加动荡和竞争激烈的环境的方法。为了帮助转型，他们正在使用新技术来收集和分析大量的客户和市场数据，包括实时数据，以便更快地调整产品或服务的提供方式，以适应变化。

同样地，在 PBS，国家办公室监测新儿童频道的收视进展，并通过观众数据分析和与当地电视台领导人的持续讨论收集反馈。它已将 PBS 儿童教育电视频道整合到 PBS 所有国家单位的常规规划和运营中，管理人员继续与内容制作人和课程顾问合作，以完善各种服务。

作为领导者，你应该拥抱这些工具，但不要混淆技术和人类判断，也不要认为更多的数据分析就是你所需要的一切。如果你想要你的战略保持新鲜度和相关性，你必须不断地向组织提出这些问题：为什么某个特定的战略有效或无效？为什么市场的变化会带来新的问题或机遇？实际上，这对我们现在和明天的战略意味着什么？领导者通过引领必须不断塑造战略的学习，来引领战略的制定，同时也要通过更具有戏剧性的创新，周期性地重新发明它。（有关更多信息，请参见第五章。）

你准备好领导制定战略的过程了吗？

科戈尔通过良好的判断力和意愿，帮助一个充满激情的、自下而上的跨职能团队成功地实施了一个新的儿童频道战略。团队成员愿意合作并互相学习，加上一些幸运的时机和一点点运气，都为这一成功做出了贡献。然而，最关键的因素是科戈尔鼓励团队遵循的纪律性问题解决和迭代学习方法。PBS 对市场和机会的分析，与系统内其他领导者和专家的互动，以及在一年的时间内不断完善和改进其开发的概念，使其能够在教育使命中确定关键战略选择，创造新的独特价值。

如果你是大型组织中的新兴领导者，请留意战略制定机会，以建立你的知识和技能。你可能会被邀请或自荐，为新产品制定战略，或创建本地化战略，以启动创新过程或为公司进行更广泛的转型。或许你有机会在传统企业结构之外开发一项战略，例如与一组合作伙伴共同开展合作项目，或者帮助推出公司赞助的新实验性倡导计划。每一个发展新价值形式的机会，都需要明智地选择在哪个领域以何种方式进行竞争，并将这些选择转化为协调一致的行动，这将为你提供宝贵的经验——教会你如何通过人们的集中力量朝着愿景努力并获得影响力。

思考问题

- **起点**。你的部门或团队是否有支持公司当前愿景和总体战略的战略？你的团队需要做什么或不需要做什么才能真正产生影响？现在重新思考战略是否有充分的理由？如果有，你能否成功地表达出来并为新战略设定目标？
- **受众**。你的团队战略的受众是谁——你的老板、高管团队、客户、组织的其他部门、员工，还是以上所有人？如果这些利益相关者有不同的期望，你如何使它们保持一致？
- **关键问题和挑战**。你的团队或部门面临哪些当前的挑战？外部威胁或市场、技术、竞争的变化是否给你的业务带来了压力？你们还面临着哪些内部挑战？是否与其他人竞争人才或预算？你将如何加深对这些问题的理解？你是否在做一些无法增值的、应该停止的事情？
- **机会**。你的团队或部门有哪些机会为你的组织和客户增加重要的新价值？你是否能够提供比其他人更好、更快或更便宜的服务或产品？你能够带来什么独特的价值，使你的团队与其他团队区别开来？是否有数据可以帮助你确认这些机会？

- **新思维**。你可以采取哪些新的创意方法来改善团队的工作，增加团队贡献的影响力？是否有新的产品或服务可以提供？如何利用团队的智慧和经验来发现新的机会？
- **选项和选择**。关于做什么和不做什么的选择应该是你的团队战略的基础吗？这些选择可能会如何发挥作用，以及朝着每个方向前进需要什么？是否有某些选项更具有独特性，更难被竞争对手模仿？是否有某些选项更适合你的公司和技能，并为更多未来的增长奠定基础？你如何快速地与客户、高管和其他利益相关者测试你的首选方案，并利用数据进行迭代和改进你的战略？
- **分配资源**。你的团队战略对哪些资源有影响？你是否需要更多的预算或不同的能力？你是否为团队成员提供了成功所需的资源？
- **实施**。你将如何分配责任并跟踪团队战略的进展？你如何以一种方式做到这一点，以便进行持续学习、中途纠正和发展可持续能力？

第三章

招募优秀人才

> 我相信企业成功与失败的真正差别往往可以追溯到企业如何充分发挥员工的巨大能量和才华的问题。
>
> ——托马斯·沃森·朱尼尔

在第二章中,我们讨论了如何将团队的愿景转化为具体可行且可衡量的战略,以应对不断变化的技术、市场机遇和客户需求的环境。然而,要执行这个战略,你需要让正确的人加入团队。毕竟,领导力的定义中关键的一部分是你的影响力是通过他人实现的。这意味着要建立一个领导团队和一个拥有优秀人才和正确技能的组织,以执行你的战略,并激励他们尽力而为。

为了做到这一点,你需要在关心员工追求职业发展和个人愿望的同时,实现将组织需求放在首位的微妙平衡。员工自愿加入组织,认为他们的加入是组织和个人的双向选择。如果他们尽最大努力实现你制定的集体目标,他们期望得到回报,包括薪酬、成长、工作满意度、人际关系等。这是组织生活的基本社会契约,当它发挥作用时,你的团队更有可能展现出高水平的承诺、忠诚和积极性。

作为领导者,你是这份社会契约的创造者和管理者,无论是对整个组织还是你所在的部分。因此,在做出有关人员配备、组织结构、发展和薪酬方面的决策时，你需要尊重双方的意愿。好的领导者不会以残酷的方式过分追求绩效目标，而留下一群行尸走肉（或不满意的人）。但是，他们也不会过于关注让每个人都满意，避免冲突和艰难的决定，最终无法实现所需的结果。好的领导者在这些极端之间把握平衡，以便公司拥有正确的人员来执行战略并取得成果，同时他们也会为自己是集体努力的一部分而感到自豪。

但是穿过这个针眼（个人利益）可能会很具有挑战性。通常，个人和公司的利益看起来不协调。会发生什么呢？如果为了实现你的战略目标，你需要解雇或开除某人怎么办？如果他们想要的薪水超过了你能给的呢？给员工提供严厉的反馈来培养他们可能符合个人和整个公司的最佳利益，但这并不会令人愉快，也不容易实现。因为员工的参与度很难确定，并非每个人都受相同的事物激励，说服人们改变或成长可能很困难，文化深深扎根于公司中。当你与直接下属的互动占据了大部分时间，管理部门或整个公司的社会契约变得具有挑战性，似乎将这些事情交给人力资源部门可能更容易些。

为了应对这些挑战，作为领导者，你需要特别关注的是将你的直接下属打造成一个强大的团队，这个团队由结果导向的领导者和管理者组成，他们也理解并尊重社会契约，并能够通过组织的其他成员来增加你对社会契约的承诺。这包括以下五个要素：

- 寻找合适的领导者和管理者与你直接合作执行战略，并帮助这些人在跨职能和部门的过程中进行有效协作。
- 确保你的直接下属得到他们需要的反馈，以便在工作中变得更好或决定离开，同时确保他们也向他们的下属提供同样的反馈。
- 为优秀的人才创造学习、成长和发展的机会。
- 明确表达激励理念，激励你的直接下属和所有员工为组织和个人做正确的事情。
- 将这些步骤融入组织或团队文化中，以实现战略契单。

首先，我们来看一个案例，它阐明了实现组织目标和尊重个人愿望之间的紧张关系。

通过战略变革管理福特基金会的社会契约

当达伦·沃克于2013年成为福特基金会的总裁时，他确定了一个实现该组织减少不平等和不公正、加强民主价值观、促进国际合作和推进人类成就的愿景的新战略：基金会必须采取更加数字化的方法来开展工作。沃克解释道："数字连接世界的崛起带来了我们之前没有意识到的对社会正义的威胁，例如，互联网自由和网络中立性、开放和免费访问平台的创建，以及单车道互联网与专为富人提供的快车道之间的挑战。此外，模拟世界中所有具有歧视性和不公正性的事情，如欺凌、工资不平等和掠夺性贷款，在数字世界中也得到了复制。"

随着沃克深入研究这个问题，他意识到向他汇报的许多人以及他们下面的其他人都没有准备好应对这些问题。这不是动机或承诺的问题，而是理解和技能的问题。基金会的员工中几乎没有"数字原住民"（指那些在网络时代成长起来的一代人），更不用说高管团队了。因此，沃克面临着一个挑战：尽管双方都有良好的意愿，但组织的战略需求与员工的实施能力之间存在差距。沃克作为领导者的工作是尽快缩小这个差距。

沃克考虑了他的选择。他应该降低他的战略期望以匹配他的员工能力吗？他不认为这是一个可行的选择，因为这将削弱基金会的效力和竞争地位。另一个同样不受欢迎的选择是用新的数字化人才取代许多长期忠诚的员工，这些人可以迅速掌握新的战略议程。但这将损害当前的计划，引起负面影响，并破坏剩余和未来员工对他们所签署的社会契约的信心，从而破坏士气和生产力。沃克也意识到，无故解雇员工将违反基金会所代表的社会公正原则。沃克对此坚定不移："你如何站在员工面前，告诉他们中的许多人，他们之所以能来到基金会是因为他们有在社会公正领域工作所需的技能，而现在他们却缺少了在21世纪工作所需的关键技能？"

然而，沃克发现了第三种选择，可以尽可能地满足组织和员工两方面的需求。这个解决方案涉及各种选择：招聘一些新员工，裁减一些老员工，以及保留大量现有员工，但是要通过开发和再培训、广泛的绩效反馈，以及新的目标和激励来支持不断变化的期望。"技术专家"是引入每个项目领域的新员工。这些数字技术专家的任务是迅速使现有的程序员熟悉数字世界。沃克和他的团队还改变了新的项目官员的工作描述，要求他们除了自己的领域，还需要一些编码经验和对数字领域的基本了解。最后，他们改变了实际的项目，专注于创建一个新的互联网权利领域，将人权与对技术和媒体的理解，以及其他许多方面结合起来。

尽管这个解决方案被证明是一个好的方案，但对于组织和沃克来说，仍然是一个痛苦和困难的变化，特别是因为他知道并不是每个人都能成功地完成转变。但他在沟通中非常清晰和坦诚："我不得不传达一条严厉但有爱的信息，告诉员工虽然我们有很多值得骄傲的地方，但如果我们继续走这条路，我们中的很多人将会变得无关紧要。我还必须坦率地说，其中一些人将无法成功。这并不容易。"

组建你的领导团队

沃克的故事展示了追求战略目标并关心每个人的安全和福祉有多么困难，需要具备正确的技能和能力。但现实情况是，战略制定是一个持续的过程，你需要不断地做出相关的人员决策。这在整个组织的规模上是正确的，特别是在你自己的部门或团队内部。

不管哪个层级的领导者，都需要一个优秀团队来帮助自己制定并执行战略，推动组织向前发展。但是直接汇报团队尤其重要，因为其工作影响着部门或组织所做的其他一切事务。有时候你需要招募整个团队或其中的一部分人，但大多数情况下，你会继承一个已经存在的团队。就像沃克对他的领导者所做的那样，你需要确保团队中的所有成员都有能力履行自己的特定责任，并在需要时与他人合作，以实现组织的目标。

当寻找合适的领导团队成员时，最重要的考虑因素是什么？如何评估已有的成员是否能够胜任工作？

招聘合适的领导者

在考虑你的直接下属团队时，你需要创建一个关键属性列表，反映出你认为的对于执行你的战略和完成任务最为重要的特质。例如，康尼格拉的前首席执行官加里·罗德金制定了一个包括技术卓越、脆弱性、沟通和人才发展能力、时间管理以及基本人际交往技能的列表。你还应该寻找那些能让你的团队成员自己成为优秀团队领导的技能（有关此内容的更多信息，请参见本章后面的"建立你的团队并协调团队组织"部分）。我们认为，在各个行业和各个层面，适应能力和情商是特别重要的两种技能。

克劳迪奥·费尔南德斯-阿拉奥斯是哈佛商学院的高级研究员和经验丰富的招聘专家，在他的《哈佛商业评论》文章"21世纪的人才发掘"中，他为招聘适应性强的领导者提供了有用的指导。费尔南德斯-阿拉奥斯认为，领导者在选择人才时，应该寻找的最关键特征不是技术技能或特定知识，而是潜力，"具备适应环境并成长为越来越复杂的角色的能力"。这种方法认识到了全球数字化世界中变化的速度，在这个世界中，过去的那些重要的技能和能力可能与未来的挑战不再相关。

情商在各个领域的领导者中变得越来越重要，特别是在组织变得更加扁平化、以协作方式管理变得更加关键的情况下。丹尼尔·戈尔曼及其同事的开创性研究表明，那些能够意识到自己和他人情绪并能够调节自己情绪反应的领导者，也更有能力创建出伟大的组织和团队。（戈尔曼及其合著者在他们的《哈佛商业评论》经典文章"是什么造就了领导者？"和"原始领导力：优秀绩效的隐藏驱动力"中描述了情感领导的特点。）

寻找符合你标准的人并不意味着你的直接下属需要长得一样、行为一致或者思维相同。招募具备互补和多样化技能的人才同样重要。作为领导者，你必须在团队中混合和匹配人才、背景和倾向（包括你自己），以使团队能够共同成功。因此，在建立团队时，要评估当前的优势和背景。有没有缺少的人选？你们组织中谁具备这些素质？同时，要考虑个性类型，确保拥有不同的人才组合，能够激发创造性思维，促进团队合作。

风险投资家鲍勃·普罗克特将这个过程比作构建一个动态拼图。他花费大量时间确保他投资组合中的初创公司拥有具备正确技能和思维过程的领导团队，并且这些公司的领导层认识到谁擅长什么，并围绕他们的优势建立角色。你可以在团队建设或发展过程中使用市场上提供的个性风格评估工具来进行团队角色的评估。虽然它们都不是完美的，但它们提供了有趣的见解，让你了解人们处理问题、沟通和思考的不同方式。也可以通过让他们解决问题、要求他们做演示、进行角色扮演或找到让他们与团队其他成员互动的方式来评估现有和潜在的团队成员。所有这些方法都比仅仅检查简历和进行一对一面试更能让你深入了解他们。

当你关注团队中的其他成员时，也要特别关注自己的不足之处。例如，我们在第一章和第二章中提到的施乐公司的前任首席执行官安妮·马尔卡希，她并不认为自己是一个非常强的战略家。她的大部分职业生涯都在销售和运营方面，因此她的优势在于人际关系和沟通。当她成为首席执行官时，她意识到战略能力将是至关重要的，因此在组建领导团队时，她确保至少有两名其他高管具备这些技能。

做出艰难的决定

为领导团队选择合适的人才时，也需要识别那些不应该留下的团队成员。通用电气的传奇前首席执行官杰克·韦尔奇曾说过，领导者需要"头脑冷静、心地善良"。作为领导者，你需要完全客观地选择合适的人才，以实施你的战略并取得成果，但仍然要关心这些选择对涉及的个人的影响。

这意味着，如果你的直接下属表现不佳——他们不适合这个职位，或者尽管你给予他们指导和支持，但他们的表现仍然不佳——你需要将他们从团队中剔除。这并不一定意味着要让他们离开公司，你可以在组织的其他地方找到更适合他们技能的角色。为他们找到合适的位置是一种有同情心的方式。你可以将他们从团队中剔除，但要坦诚地告诉他们，他们在哪些方面表现不佳，以便他们可以在你组织的另一个职位或其他地方改进，这同样也是有同情心的方式。然而，让他们继续失败或感到不舒服，既不是表达同情心的行为，也不是履行社会契约的一部分，实际上还会对那个人和你团队的其他成员产生不利。（有关社会契约如何在团队层面上发挥作用的更多信息，请参见"你的团队的社会契约有多牢固？"方框中的内容。）

你的团队的社会契约有多牢固？

在组织的每个层面上，实现战略目标和履行社会契约之间的紧张关系都存在，这不仅仅是首席执行官和高级领导者的问题。团队成员期望，在他们付出最大努力的情况下，能够得到报酬；有机会成长、学习、晋升和建立关系；并且拥有一个安全、刺激的工作环境。

同时，作为他们的领导者，你期望他们全身心投入工作，取得出色的成果。然而，在许多情况下，完成工作的压力和要求以及团队成员的期望和表现并不完全匹配，社会契约的结构开始破裂。作为领导者，你需要留意这种情况的预警信号，以便尽早采取行动。这些预警信号可能包括：

- 团队中的员工担心他们的贡献得不到认可或赞赏，这可能意味着他们没有得到足够的奖励。
- 团队成员争夺重要任务，抱怨他们没有得到足够的机会，或积极寻找其他工作，这可能表明缺乏发展选择。
- 工作积压不断增加，却没有明确的方法来完成所有工作，存在质量问题或无法履行承诺的问题，这可能意味着你的一些员工无法胜任任务，或者你没有足够的资源。
- 团队成员之间的冲突，无论是公开的还是间接的，可能表明社交和工作环境不健康。
- 隐瞒他人成功需要的信息或者故意让他人失败，这些都可能是恶劣的工作环境的迹象。

作为领导者，你不能总是在实现目标的同时让每个人都满意，但你可以留意社会契约不起作用的迹象。因此，请看看你的团队，并问问自己社会契约是否得到履行或是否出现毁损的迹象。

冷静和同情心的结合是什么样子？几年前，韦尔奇要求他的一位高级领导者在圣诞节和新年之间的那个星期来他的办公室。这位领导者经营着一个数十亿美元的企业，并且已经达到了他的收入和盈利目标，他认为这次会议可能是讨论关于他的奖金，甚至可能是晋升为通用电气更大部门的负责人。韦尔奇告诉他，他被解雇的原因是，他的领导风格是专制的，让员工感到恐惧的，完全违背了通用电气的价值观。韦尔奇在过去的一年里曾多次告诉他这一点，但他没有认真对待。经过一些艰难的讨论，这位业务领导者接受了离职的理由，并将其视为一个警钟。他后来成为另一家公司的首席执行官，更加注重有效平衡自己的自上而下、以结果为导向的风格与团队的成长和福祉。回顾过去，他后来说，尽管经历了痛苦，但这次经历是他职业生涯中最好的学习时刻之一。

打造、优化和维护领导团队是一个持续的挑战。战略会变化，客户需求会演变，市场会转移，新技术会涌现。而且，通常组织中各个层级的员工都无法适应环境的变化。调整从向你汇报的员工开始。

建立你的团队并协调团队组织

一旦你拥有了合适的员工，你仍然需要将他们组合成一个团队。然而，建立一个高效的领导团队通常不会自然而然地发生。你不能只是把一群有才华的人放在一个房间里，锁上门，等待一个有凝聚力的团队出现。作为领导者，你必须积极地帮助你的直接下属，让他们团结在一起。

这非常重要，因为你的员工通过团队合作很可能会产生更大的影响，而团队合作是社会契约的重要组成部分。大多数研究表明，人们在工作中的满意度不仅取决于他们所做的事情，还取决于他们与谁一起工作——无论是他们的直接上级还是同事，无论他们属于低层级团队还是更高层级的领导团队。因此，在你的直接下属之间建立富有成效、支持性和协作性的关系，是确保你的员工被激励、参与并致力于你的愿景和战略的关键因素。建立这种团队合作也会使你的影响力倍增。例如，福特基金会转向数字思维最终不是由沃克一个人推动的，而是由他的高级领导人员共同推动的。

将强大和有能力的个人融合成一个高绩效团队需要付出努力。作为领导者，你必须有意识地这样做。根据对团队绩效的多年研究，马丁·哈斯和马克·莫滕森在他们的《哈佛商业评论》文章"伟大团队合作的秘密"中提出了4个关键步骤：

1. 确保你的团队有一个或多个共同的、引人注目的目标，需要每个人以某种方式做出贡献。在福特基金会，高级团队共同负责将数字思维融入基金会工作的每个项目和方面。为了实现这一目标，所有高级领导人不仅要在自己的领域内采取行动，还要考虑跨项目和跨部门的影响，并充当数字化转型的总体指导小组。

2. 建立一个团队合作的约定结构，包括行为规范、信息共享、会议时间和方式、沟通模式以及任务分配的明确性。这并不意味着你要向每个人规定团队的工作方式，而是要与团队明确讨论这些问题，以便结构得到巩固。

3. 为团队提供成功所需的支持，例如教育培训、资源获取、预算分配、指导等。在福特基金会，为高级团队成员提供数字研究员的支持就是一个很好的例子。然而，支持也意味着心理上的支持，让你的团队成员感到他们可以互相寻求帮助和获得建设性反馈，而不是遭受攻击和贬低。

4. 培养团队共同的心态和认同感。特别是在团队成员可能分散各地、频繁出差和通过虚拟网络联系的组织中，你需要鼓励员工发展个人关系，了解彼此，而不仅仅局限于直接任务和角色职责。找时间进行场外会议、非结构化讨论、晚宴和一些有趣的活动，有时还可邀请员工配偶和重要人物，所有这些都可以帮助团队凝聚在一起。

然而，你的直接下属团队不太可能是你责任范围内唯一的团队。你的直接下属可能也有下属团队，以此类推。因此，你的直接团队运作方式可以为其他团队树立榜样。

此外，你的组织可能还有许多跨职能团队，用于产品开发、客户服务、系统引入等方面。此外，你的公司可能会有由外部组织人员组成的临时常备队，例如开放式创新论坛或企业社会责任倡议，你可能会运营或参与其中。作为领导者，你需要确保组成你组织生态系统内的多个团队尽可能地协同工作。（请参见"横向思考的重要性"方框中的内容。）

> ## 横向思考的重要性
>
> 你的团队很可能位于一个包括业务部门、技术部门和支持部门等许多其他团队的组织中。其他团队可能位于不同的地点，或者可能属于外包合作伙伴。他们可能都有自己的身份、目标、优先事项和工作模式。作为领导者，你的部分工作就是帮助你的团队成员与其他团队进行横向合作，即使他们不向你汇报工作。为了做到这一点，你需要定期问自己以下几个问题：
>
> - 为了产生效果并把事情做好，我们需要与哪些其他团队合作？（为了回答这个问题，你可能需要绘制一张组织生态系统的地图，标明你的团队在其中的位置，并与你的团队讨论这个问题。）
> - 我们需要从其他团队那里得到什么？这些如何成为他们的优先事项？反过来，他们需要我们这里做些什么？我们在共同进行这项工作的方式上有多一致？
> - 我们达成共识的最佳方式是什么？我是否应该定期与其他团队的领导者进行会面？我们是否应该组织某种形式的工作会议或研讨会，将各个团队聚在一起？

作为团队或部门的领导者，你应该：

- 鼓励你的直接下属团队进行互动、分享信息、合作并支持那些直接向他们汇报的团队之外的其他团队。不要假设不同部门的团队会自然而然地相互合作，无论他们是否致力于目标并拥有正确的信息。
- 请向你的团队成员强调，并让他们向他们的团队强调，所有个人决策都需要积极直接地帮助组织朝着你所确定的战略目标前进。你的愿景和战略实践在这里也发挥作用，特别是通过这些实践所做的努力，确保每个人都理解你的统一方向和战略目标。
- 除了传达你的愿景和战略，尽可能向所有团队推送更多信息，以便他们做出最佳决策。他们知道得越多，就越能找到正确的方式与其他团队合作，以实现战略目标。

例如，为了帮助他的团队相互沟通，韦尔奇发出挑战，计划将通用电气变成一个"无边界组织"。在这个组织中,信息和资源可以在不同层级、跨职能部门和业务部门之间快速流动,也可以在公司与客户、供应商之间流动。为了实现这一目标,韦尔奇要求他的所有高级领导人举办并参加为期两天的"群策群力(Work-Out)"会议,来自组织不同部门的人员,无论职称或薪资等级,聚集在一起快速解决业务问题。会议还在通用电气与其客户和供应商之间举行。"群策群力"是通用电气和许多其他公司仍然举办的活动,它不仅为企业带来了数百万美元的商业利益,还教会了之前独立运作的团队如何在没有领导召集的情况下协同工作。

创建你的团队并协调团队内部的关系是在组织成功和个人满意之间寻求平衡的关键步骤。优秀的员工能够在一个可以与他人轻松、有效地合作的环境中茁壮成长,无论是日常工作还是按需工作,他们都会觉得自己在发挥作用。这些人越是茁壮成长并发挥他们的技能,你的组织就越成功。

用绩效反馈

在执行战略时,吸引人们加入其中的另一个关键因素是确保每个人都知道自己的表现如何,以便他们不断改进和成长。我们在福特基金会看到了这一点:随着组织战略的发展,沃克利用绩效反馈来帮助发展现有员工的数字能力。如果没有反馈,个人和团队将无法得到他们的日常努力是否有效,或者如何改变的信号。这是履行社会契约的关键方式,确保员工了解成功所需的条件,或者是否有其他更适合自己的组织。

几乎所有的管理课程都会教授听课者,要向下属提供建设性的、坦诚的和及时的反馈。但即使是经验丰富的领导者也会遇到困难,尤其是因为它引发的焦虑。看着他人的眼睛并告诉他,他的表现如何(无论是好是坏)是困难的,尤其是当这可能影响到这个人的生计或职业生涯时更是如此。因此,我们倾向于避免这样做,或者做得很尴尬,或者将其推给人力资源部门。然而,对于领导者而言,提供反馈是一种更关键的技能。因为领导者不仅需要向自己的直接下属提供反馈,还需要为组织设定反馈和学习的基调。这是产生更广泛影响的关键部分。正如 NCR 公司前总裁马克·本杰明告诉我们的:"如果我不能正确地设定关于提供坦诚反馈的基调,问题会呈指数级增长。"在我下面有 7 个层级,共有 33 000 人,如果我做得不好,那就意味着我的团队中的某个拥有 4000 个下属的人也可能做不好。这样一来,所有这些人的标准都会降低。

当然,你的组织可能没有成千上万的人。但即使你和你的直接下属只负责几十个人,每个人也都需要知道他们的表现如何。就像你制定的愿景和战略通过你的直接下属向你所在区域的其他人层层传递一样,你提供绩效反馈的方式也会在你的团队之外产生影响。不仅你必须有效地向你的直接下属提供反馈,而且他们也必须向他们的下属提供同样的反馈。

应对严厉的反馈

为了使反馈有效,你需要事先仔细考虑过程和信息,并在心理上做好准备。无论你有多忙,反馈都不能在匆忙和混乱的对话中进行得很好。当然,有时在特定事件的回应中及时给出反馈是合适的,但即使在这种情况下,你也应该深呼吸并思考后再开口说话。作为领导者,你的话语具有额外的分量,如果你过于消极,就会压垮一个人的精神和自信心。因此,请记住以下几个原则:

- 反馈是一项重要的业务活动,首要目的是组织的健康——确保员工以正确的方式做正确的事情。正如《教父》中的维托·科莱昂所说:"这不是个人的问题,这是业务的问题。"目标不是让对方感到难过,或者贬低他们,或者让自己感到强大。相反,它是为了让对方成功,以便你可以实现组织的目标。如果有人无法在当前角色中成功,那么帮助他们找到另一个能够成功的角色,无论是在你的组织内还是在其他地方,对双方都是最好的选择。
- 由于反馈具有业务目的,因此要将讨论框架定为解决问题的练习,而不仅仅是告诉某人应该做些什么不同的事情。鉴于当前的表现或个人行为,这个人如何做得更好?他们可以做什么?你可以做些什么来帮助他们?你可以提供哪些其他资源?前进的具体步骤是什么,需要多长时间?

- 基于数据而非主观印象进行反馈讨论。查看该员工实现的结果与其目标相比，获取其他与该员工合作的人的意见，并引用关键事件或具体事例来支持你的信息。反馈不应仅仅是你的意见。

就像任何其他技能一样，你需要不断地练习。对于大多数领导者来说，给出严厉而有建设性的反馈并不容易，因此你需要找到自己的声音。尝试写下你想说的话，或者至少写下你想要开始的方式。与信任的同事或人力资源员工进行角色扮演对话。明确你想要讨论达成的目标（改进计划、更好地理解期望、决定改变角色等）。之后评估自己的表现，看看你做得如何以及你可以做得更好的地方。

除了个人讨论外，向个人传达严厉的反馈的最有效方式之一是使用 360 度评估，该评估提供多个来源的评论，包括上司、同事、下属、客户和其他人。这种评估特别强大，因为如果来自多个人的共同观点与一个人的观点不一致，那么这些观点就变得更难被忽视或忽略。新罕布什尔州慈善基金会的首席执行官理查德·奥伯描述了这种影响："我们的一位关键员工是一位出色的问题解决者和项目经理，但在领导他人方面缺乏经验，她所在小组的文化也很紧张。我们进行了 360 度评估，以确定她的核心能力和弱点。她听到人们对与她合作的反应感到震惊。"我利用她的开放心态开始密集辅导她，让她从擅长做事变得擅长赋能。现在，她是我们高管团队中最优秀的表现者之一，并且在年度员工调查中持续获得非常高的评价。

有时候，人们可能不会对个人反馈做出回应，也不会按照你的需求加以改进。当你已经尝试了各种方式与他们讨论需要改变的事情后，你可能需要采取行动，让他们离开你的团队，就像本章前面所描述的那样。

团队反馈

反馈不仅仅是提高个人绩效的工具，你还应该向团队提供关于他们的团队绩效的反馈，并鼓励团队成员互相提供反馈。例如，非营利组织 buildOn 的负责人吉姆·齐奥尔科夫斯基每年年底都会召集他的领导团队进行为期四天的会议，讨论每个员工和部门在该年度内实现其关键绩效指标的情况。

每位领导都要准备一个简短的总结，说明他们做得好的地方、短板所在以及在接下来的一年里需要做出哪些不同的改变。之后，其他团队成员都会提出自己的意见和建议。他们还会讨论彼此的表现如何相互影响，以及如何在未来互相支持。

领导者应该定期向整个组织提供绩效反馈，特别是关于关键绩效主题或问题的反馈。沃克对福特基金会提出数字化转型的挑战是一个很好的例子。通常这是组织重大转型和改进的开始，我们将在第五章中讨论这个问题。然而，重点是反馈不仅对个人变革至关重要，对集体变革也是必不可少的。

整个组织的反馈

有效地向自己的团队成员提供反馈，可以为部门或公司中的其他人树立榜样。但你还必须将定期反馈流程纳入组织的节奏中，以确保它有规律地进行。大多数大型组织已经拥有绩效管理系统，规定了每年员工评估的具体时间。这些对话通常在晋升、薪酬和发展需求的决策中达到高潮。

作为该系统的领导者，你需要满足企业节奏的要求，并在其中留下自己的印记。这是你的团队将绩效管理视为烦琐的业务流程，还是将其视为推动真正业务价值的流程之间的区别。例如，在一家大型科技公司的销售团队中，团队领导者与每个直接下属进行每月一次的人才谈话，并与整个团队进行每季度一次的人才谈话，以此强调保持关注绩效问题的重要性，包括好的方面和不好的方面，并采取行动。然后，在填写年度企业绩效管理表格和参加相关会议时，她和她的团队已经做好了充分的准备。

当然，如果你正在领导一家初创公司或非营利组织，或者接管一个组织，你可能需要自己构建一个更广泛的节奏。只要确保它符合你的需求并鼓励建设性反馈，不要仅仅将这个系统的创建委托给人力资源部门。例如，美国电子签名公司（DocuSign）的首席执行官丹·施普林格坚持要求每位经理每年与他们的员工进行两次绩效讨论，谈论他们正在努力实现什么以及他们为客户、公司和团队做了什么。为了促使经理们真正做好这些工作，他要求他们用一页纸简要地概括讨论的内容，并直接发送给他。然后他阅读了所有的评论，随机给经理们发回带有评论的笔记，有时候会要求他们重新进行评论，如果评论似乎并没有真正产生成果的话。

波士顿咨询公司（Boston Consulting Group，BCG）的战略咨询有另一种方法。除了对项目的即时反馈，BCG还有一个正式的年度书面审查流程，针对公司1000多名合伙人中的每一位进行审查。这些审查在合伙人绩效评估周期间由27位高级领导人进行面对面讨论，并用于决定奖金、晋升、未来任务和关键发展目标，然后与合伙人进行一对一的讨论。根据BCG总裁兼首席执行官理查德·莱塞的说法，这个过程让高层领导者了解组织内的人才，并通过一致的信息传递加强"一个公司"的文化。它还帮助这些领导者校准自己的贡献与自己在领域之外的许多出色表现，让他们继续脚踏实地，专注于支持下一代。

随着你的部门或单位变得越来越大，或者你承担的责任越来越多，工作节奏也会加快，你也应该确保你的绩效管理系统不会变得过于官僚化，开始失去推动系统反馈和改进的价值。例如，通用电气高级副总裁兼首席人力资源官拉古·克里希纳穆尔蒂在《哈佛商业评论》的"通用电气人才评估系统的秘密武器"一文中指出，通用电气的领导层（包括首席执行官在内）通常会将30%的时间用于处理员工问题，包括对个人绩效评估进行深入的辩论。为了从这些时间中获得更好的回报，通用电气正在努力创建数字工具，使这个流程更加流畅和灵活，以便这些讨论可以在需要时进行，而不仅仅是在一年中的某些时间。专业服务公司德勤也正在重新设计其绩效管理流程，并通过更多地关注季度绩效的简要说明而不是年度评估来减少所需的时间。

马库斯·白金汉和阿什利·古德尔在他们的《哈佛商业评论》文章"重塑绩效管理"中更详细地描述了这种转变。

在一年的时间里，经过一个密集、坦诚和透明的反馈过程，我们得出的结论是，整个组织的员工，包括你的团队，都知道自己的立场和需要改进的地方。这也淘汰了表现不佳或不再适合你的团队、部门或组织的员工。同样重要的是，它为你分配员工到新的工作岗位或转换角色提供了坚实的基础。

促进员工的学习和发展

给你的直接下属提供反馈并在整个组织中创建反馈系统是促进员工成长以实现战略目标的一种方式。此外，促进员工的学习和发展的另一种方式则是，为你的直接下属和有抱负的领导者提供个人和职业发展资源，以便他们更好地满足组织的需求。你也赋予了你的员工调整、成长和茁壮成长以实现自己的目标的能力——这是履行社会契约的重要组成部分。例如，再次看看福特基金会的例子：沃克通过聘请技术专家帮助他的项目经理了解数字世界。因此，他能够让他们中的许多员工留在公司，同时他们也为未来的其他角色做好了充分的准备。

你的人力资源部门可能要专门关注这种发展，但你作为领导者也有责任。通过投入一些自己的时间来培养团队的人才，并为表现优秀的员工创造机会，你可以推动你的愿景和战略，并让每个人都感到你认真对待员工的职业成长，这可以成为吸引更多优秀人才的重要卖点。

将你的时间投入到优秀人才中

杰克·韦尔奇曾经说过，他只有两种方法可以对通用电气产生影响：一种是差异化地分配财务资源，另一种是确保他的各个业务部门拥有最好的领导者来利用这些财务资本。为了实现这一目标，韦尔奇花费了大量个人时间来审查和完善领导力接班计划和决策，与有潜力的领导者互动，并向公司内外的各个群体传达有关领导力主题的信息。但是，你的参与程度应该根据你的个性以及组织或单位的规模、范围、性质和成熟度来确定。但是你确实需要在一定程度上亲自参与，这不能仅仅委托给人力资源或顾问。毕竟，你是最能将愿景和战略与人才发展计划联系起来的人。当你直接参与时，你向所有其他经理和员工传递出一个信号，表明你认为人才发展是一项至关重要的业务，而不仅仅是为了让员工感到高兴。

一种参与方式是像韦尔奇一样参与人才发展和领导力接班计划审查过

程。另一种参与方式是亲自参加与团队成员一起的特别活动、项目和培训课程。通常,高管会觉得发展课程只是针对低层级员工的,如果他们参加,那只是例行公事或演讲。然而,更积极地参与可以是一个强大的机会,让你更好地了解团队成员和未来的领导者,分享你对重要事情的看法,并传递一个信号,即学习和发展是每个人的事情。

例如,在默克制药公司的首席执行官肯尼思·弗雷泽上任不久后,他的人力资源团队与一所知名商学院合作,为高潜力领导者(每次 50 人)开设了一系列发展课程。弗雷泽会见了该计划的设计者,以确保他对领导者需要做什么才能使默克制药公司成功的看法被纳入其中。但弗雷泽并没有止步于此。此外,他亲自参加了为期两天的项目,作为一个完整的参与者全程参与小组讨论和全体讨论。这使他直接接触到了许多他之前不认识的潜在领导者,并为他提供了一个平台,让他能够分享他对公司的愿景以及为了实现愿景在战略上需要做的事情。他的参与也向与会者和向他们汇报的成千上万个员工发出了强烈的信号,即弗雷泽不仅致力于默克制药公司的长期成功,也致力于他们的成功,这是社会契约的本质。

领导者不需要花费所有时间参加领导力发展计划。但是,你应该仔细审视你的日程表以及你为部门或团队人才的审查和发展所投入的时间。对于许多领导者来说,业务、客户和竞争压力经常挤占他们直接参与员工发展的时间。然而,如果你任由这种情况发生,你可能会得到一些无法帮助你实现目标的人。

挖掘你的高潜力人才

另一种让团队成员获得个人成长的方法是,强制安排他们参与那些他们认为可能超出自己能力范围的任务和项目。

大多数人才发展研究表明,领导者从被迫完成任务的实际情况中学到的东西比从案例研究、模拟和培训课程中学到的要多得多。哈佛商学院教授迈克尔·比尔和他的同事多年来一直指出,仅仅进行领导力培训——这是一个价值约 3500 亿美元的产业(截至 2015 年)——对真正的领导力表现几乎没有影响(更多信息请参见他们在《哈佛商业评论》上发表的文章

"领导力培训为什么失败,以及如何应对")。作为领导者,你可以为你的直接下属创建挑战,如果你是高级领导者,你可以确保这些机会在整个组织中为高潜力人才所提供。

你可以通过以下方式为你的团队成员创造这些体验:

- **为你的直接下属设定更加艰巨和远大的目标。**例如,麦肯锡全球管理合伙人多米尼克·巴顿描述了他在职业生涯早期被扔进深水区后发生的事情:

  我的职业生涯的关键经历是我被要求领导麦肯锡在韩国的办事处。我们有 80 人,但在韩国并不被认为是一家知名公司,也没有真正的成长之路。我的前任告诉我,真正的智慧是保持低调,不要在媒体上露面,也不要接受报纸采访。但是,如果我们这么安静,怎么会有韩国公司知道我们呢?于是我冒险开始每周写一篇关于商业和管理问题的短篇报纸专栏文章。它是用韩语发表的,所以我知道在韩国以外的麦肯锡不会有人读到它,我也不会被抓住。最终,这些专栏帮助我认识了在韩国真正重要的 50 个人,让我与他们建立了联系,并发展了我们的业务。本质上,我有一方小天地可以尝试新的东西。

- **要求你的员工共同努力实现某事。**例如,一家大型学术医疗中心的总裁要求他的前二十名领导者共同应对不断变化的医疗保健环境,并找到使机构财务状况更加稳固的方法。这些领导者负责管理临床部门、研究部门和运营部门等各个部门,他们在各自的领域都是专家,但对于领导战略变革并在跨学科领域合作方面缺乏经验。他们倾向于保护自己的领域和预算。然而,通过承担这个共同任务,领导者被迫从机构的视角开展工作,并思考不同领域之间的权衡。他们请来医疗保健趋势专家,让他们了解外部环境,并学习如何对自己的组织进行 SWOT 分析。在几个月的时间里,他们确定了一些战略举措和财务改革,并负责组织和实施这些举措。除了机构的成果,这一努力还帮助领导者发展了新的技能和开阔了眼界。其中一人最终成为临时总裁,另一人成为首席运营官——这些职位他们在没有这种经验的情况下是无法胜任的。

- **将员工调入拓展性项目。**你和你的人力资源合作伙伴可以通过项目培训或特殊项目等多种方式来设置这一点。在项目培训中，来自不同领域的高潜力领导者将在两到三个月的时间内（同时继续他们的常规工作）完成一个具体的项目，并通过重点研讨会、网络研讨会或与领导力教练的合作来学习完成项目所需的技能。例如，西门子多年来一直采用这种方法，不仅取得了实质性的成果（如将产品引入新的国家），而且培养了数百名下一代领导者。如果你的组织没有提供这样的培训，你可以主动采取行动，通过为你的团队成员提供特殊项目，利用在线、大学或咨询等来支持他们的学习。例如，市场团队的负责人向其中的一位潜力股提出挑战，让他组织团队的新招聘流程，并送他参加了一个关于人力资本的大学课程，以获取一些新的视角。

- **创建工作轮换。**另一种方法是让员工在公司的不同部门轮换，以便他们亲身体验各种业务挑战、文化和地理环境。例如，国际纸业公司将其高潜力领导者调动到不同的业务部门和地理区域，以便他们获得更广泛的公司视角，并观察他们在不同状况下的表现。如果你的公司不经常采取这种做法，你可以与同事合作，用优秀的人才进行交易，也可以为你的团队成员争取一些空缺职位。一些领导者之所以会犹豫是否要这样做，是因为他们担心会失去团队中的优秀人才。但如果你不积极地帮助他们寻找新的机会，最优秀的人可能会自行寻找，并且你可能会失去他们。积极帮助你的团队成员转岗的另一个好处是，你将在整个组织中建立一支由以前的团队成员组成的网络，他们可以在未来与你合作并支持你。

虽然所有这些发展方法听起来都很简单和合理，但许多领导者仍然犹豫不决。毕竟，发展人才需要付出工作、时间和金钱。而且即使你在这项工作方面做得非常好，员工可能仍然会去另一个团队或另一家公司，他们可以在那里获得更多的薪水或承担更大的责任。优秀的人才总会有其他机会。那么，为什么我们要在这方面进行投资，看着别人获得回报呢？

很遗憾，这个问题没有简单的答案。然而，伟大的领导者明白，从长远来看，培养自己的人才比不断引进需要经历学习曲线并最终可能无法胜任工作的外部人才更加经济实惠且效果更好。内部员工通常有更大的成功机会，并且能够更快地变得高效。因此，从长远来看，培养人才将会带来多倍的回报，无论是在生产力方面还是在加强组织社会契约方面。

分享你的激励哲学

并非所有人都是相同的，他们来上班的动机和长期职业抱负各不相同。同时，他们所从事的实际工作也不总是可比较的。那么，如何以一种公平合理的方式奖励每个人的表现，吸引、留住和培养你需要的人才，而不会让公司财务出现问题呢？激励问题总是涉及社会契约的核心：你的薪酬框架必须解决所有这些竞争性问题。

许多领导者试图通过创建或延续无差别的薪酬制度（"只是给每个人加薪 5%"）来避免这些问题，通过避免与员工进行职业讨论，或者将薪酬问题完全交给人力资源部门处理。虽然这可能减轻了他们的不适，但很少能创造高绩效的组织，因为这意味着优秀的人才往往会选择离开。

作为领导者，你的角色不是为了激励而是要清晰地阐述激励的理念，让人们知道成功需要什么——无论他们是谁，有着什么样的目标。

明确你的激励哲学

作为领导者，你的工作不是设计薪酬和福利计划。无论你是初创公司还是价值数十亿美元的组织，都有数百个专家顾问和公司以及人力资源团队，可以为你完成这项工作。但是，为了让这些专家制订一个能够帮助你实现业务成果并让人们感到自豪成为你团队一员的计划，你需要提供一些明确的指导，以便决定薪资和奖金、晋升和其他福利。这就是我们所说的"激励哲学"。

即使你没有能力为整个组织制定激励方案，但根据组织奖励制度为你的部门或单位制定激励理念，你将使你的员工意识到哪些行为和结果将受到奖励和认可，以及在他们的职业生涯中需要做出什么样的努力。相反，他们也会知道哪些行为或结果将对他们的职业生涯产生不利影响。如果没有这种明确性，员工和管理人员将自行决定什么是最好的做法，而这可能并不是你想要或打算的。

史蒂夫·科尔是奖励系统专家，曾担任过通用电气和高盛的首席学习官。在《哈佛商业评论》的文章"最佳激励计划"中，他描述了"奖励 A，却希望得到 B 的愚蠢行为"。这种情况的典型案例是，领导者基于个人目标奖励和晋升员工，同时假设（或希望）这些人会为团队的整体利益而共同努力。但是，如果他们的个人目标在某种程度上相互冲突，很可能他们会相互竞争而不是合作，这并不是因为他们脾气不好，而是因为大多数人会理性地首先考虑自己的最大利益。

通过明确你的激励理念，你向员工传达了一个清晰的信息，告诉他们你对他们的期望。例如，欧洲私募股权公司泰丰资本的首席执行官安德鲁·盖齐，曾是劳埃德银行和澳新银行的高管，他向我们解释说，他的激励理念的一部分是，人们的行为（而不仅仅是绩效结果）是薪酬和晋升的关键因素。他使用一个二维网格来进行绩效评估，其中行为在一个轴上，结果在另一个轴上。通过向组织明确这一点，他防止他的经理们使用短期内能够获得结果的策略，这可能会在长期内损害组织。

提问问题

当你表达你的激励哲学时，这里有几个问题需要你解决：

- 你在多大程度上致力于确保你的团队真正拥有一个精英管理制度，个人的成就得到奖励，而不是只看资历、忠诚度或个人关系？（有些领导人谈论结果至上，但却以不同的方式奖励员工。）
- 是否有任期制度？（如果有，如何奖励？）
个人成就和集体成就之间的平衡在哪里？换句话说，如果团队未能达到目标，但团队成员达到了个人目标，他们应该得到奖励吗？或者应该有一部分个人奖励是基于集体结果的，而这可能会因高级员工和初级员工而异？反之又如何？如果团队或组织表现良好，但个人未能达标，他们是否应该分享奖励？

- 你的团队成功所需的关键行为是什么？你会认真评估并将其与目标的实现进行比较吗？如果有人在达到业务目标方面表现出色，但在行为方面表现不足，会发生什么？你会像杰克·韦尔奇那样要求这个人离开，尽管他们取得了好的结果吗？还是会给他们第二次机会？
- 你可以提供哪些非货币奖励来表彰工作出色的员工？除了个人赞扬，你可以在多大程度上利用你的沟通渠道来表彰员工并让他们成为英雄？是否有机会让经理和团队向其他人展示他们的成就？你应该通过晚宴、旅行或外出活动来奖励杰出的贡献者吗？你还有哪些其他方式可以让你的团队和表现优异者感到真正受到赞赏？

显然，每个领导者都会对这些问题有不同的回答，有些适用于整个组织，而有些则只适用于特定层面。高级领导者当然对整个激励方案有更大的影响力。但即使你是一个团队领导者，你也需要知道你的组织如何思考这些问题，以便你可以将它们传达给你的团队成员。你还需要考虑是否可以在某些激励方案上拥有一些单独控制权。例如，公司可能会鼓励和奖励一些全公司范围内的行为，但你可能希望你的团队遵循一些额外的行为准则。同样地，可能会有一些非金钱激励措施是组织中所有领导者都使用的，但你可能会为你的团队开发其他的激励方式（例如，与做出特殊贡献的人共进晚餐）。

一旦你清楚了这些问题的答案（无论是你自己做决定还是更高级的领导者给你做的决定），你需要将它们传达给你的团队。有时这些问题是众所周知的，或者可能是员工手册和入职培训的一部分。然而，通常来说，激励哲学有些模糊不清，人们会对如何获得奖励或晋升做出假设。如果缺乏共同的理解，当人们收到他们的薪酬决定或与你谈论他们的职业前景时，他们会感到惊讶、失望或受伤。另一方面，如果你尽可能清晰地说明激励的基础，你的员工将提前知道可以期待什么，并知道他们需要做什么才能做得更好。

简而言之，作为领导者，你的工作是尽可能清晰地阐明奖励和激励的原则。与团队作为一个整体讨论激励哲学和其含义。然后在做出或宣布薪酬与奖励决定之前，与每个人单独交谈，谈论激励哲学如何适用于他们。他们是否需要改进某些行为？他们是否需要降低加薪的期望，因为整个公司的表现不佳？他们需要获得其他类型的经验才能晋升到更高的级别吗？

关键是组织中的每个人都需要了解激励原则及其如何适用于他们。更重要的是，一旦这些原则被阐明，员工就需要遵循它们。如果你和其他领导者被视为口头上说得好，但不践行，那么这将损害你的信誉，并减少人们对你的组织的承诺。

塑造执行战略的文化

文化是一个经常被使用的词语，但其含义并不总是清晰明了。词典的定义是，一个组织的文化是区分一个群体与另一个群体的态度、信仰、习俗和行为的总和。这种文化随着人们的合作和重复的模式和习惯的形成而逐渐发展。最终，这些模式成为非正式的规则或规范，大多数群体成员都遵循这些规则，新成员也必须适应这些规则。因此，组织文化具有强大的力量，能够促进某些行为和行动。

文化也是人们决定参与团队社会契约的关键因素，即你的团队是否是一个能够满足他们个人需求的地方。如果文化与他们的期望或能力不符，人们可能会选择退出。

管理团队文化是决定你的员工如何有效执行你的愿景并将你的战略转化为行动的强大方式。如果你的新愿景或战略与文化基本一致，那么变革可以迅速发生。但是，如果当前文化与你提出的战略变革不一致，那么它可能成为真正的障碍。这就是为什么许多首席执行官喜欢说"文化胜过战略"的原因，这是乔恩·卡岑巴赫和他的合著者在他们的《哈佛商业评论》文章"持久的文化变革"中解释的真理。

然而，管理文化的主要问题在于，它是看不见的、隐含的，而且很难描述。如果你让公司或团队中的十个人描述你们的文化，你可能会得到十个不同的答案，因为每个人都从自己的角度看待它。此外，每个组织都有其子文化，可能是在地理位置上（特定办公室的工作方式），或是在职能上（研发与财务的工作方式不同），再或是在通讨收购获得的团队中（但保留了其旧文化）。

也许你无法完全或迅速改变团队或组织的文化，但你可以尝试让文化的一些关键方面为你服务，而不是妨碍你。为此，你可以：

- 第一，向你的直接下属及其团队明确你的文化目标。
- 第二，使用本章已经描述的要素来引导人们朝着这些目标前进。

定义你的文化目标

我们无法决定你的团队文化应该是什么样子，或者你应该如何塑造它。这是你和你的团队应该根据你们的愿景和执行的战略做出的决定。然而，随着竞争和技术创新的加速，许多组织正在尝试创建更具敏捷性、开放性和快速适应新思想的文化。如果你是这种情况，那么你的文化目标应该反映这些变化或其他重要的变化。

为了明确你的文化目标，请与你的直接下属合作。首先，讨论当前存在于你的组织或团队中的关键文化特征。你可以使用类似于图 3-1 中的评估工具，该工具定义了一些基本的组织文化领域，以促进你的讨论。你可能还想添加一些其他领域，这些领域与你正在追求的战略有关，例如数字化能力（福特基金会的例子）或对合作伙伴的开放性。

接下来，考虑一下你的团队文化需要如何变得不同，以支持和推动你特定的战略目标。哪些方面存在最大的得分差距？在工作过程中，继续与其他团队进行对话，并要求你的直接下属与他们的团队进行类似的会议。由于文化是整个组织中行为的积累，因此你不能仅仅从上到下地下达命令来决定它。你还需要与其他层面的人进行互动，让他们参与文化转变并帮助塑造它们，使其变得生动起来。

例如，大公司旗下的一家小工厂的负责人发现，他的团队批准的大部分提高生产力的项目都被推迟了，这让他感到沮丧。当他深入了解情况

说明：请在你今天所在的位置上标记一个X，需要到达的位置上标记一个XX

维度	1	2	3	4	5	差距
1. 决策	决策权集中在高层管理者手中				决策权分散在全公司	
2. 商业信息	有关业务和战略的信息仅限高级管理层保留				企业和战略的信息对所有人都是可用的	
3. 沟通风格	正式地通过书面备忘录和官方会议				非正式地通过对话和即兴会议	
4. 员工专业知识	鼓励员工专注于专长和单一工作				员工被鼓励发展多种工作所需的技能	
5. 外部关系	公司与客户和供应商之间存在传统的合同关系				公司与客户和供应商发展正式和非正式的合作关系	
6. 解决方案共享	新的想法和解决方案很少与其他部门共享				全组织定期分享新的想法和解决方案	
7. 奖励	基于职称任期的奖励和责任				基于成就的奖励和责任	
8. 工作行为	公司鼓励并认可个人表现				公司使用团队并认可团队合作	
9. 工作方向	强调明确定义的工作流程和角色				强调获得可衡量的基本结果	
10. 创新	员工使用传统和经过测试的方法来完成工作				员工正在寻找和尝试创新的方法来完成工作	

总差距 _____

图 3-1 评估文化

后，他意识到问题不在于缺乏技能、知识或资源，而在于他的直接下属在项目的各个阶段都无法独立做出决策。由于他太忙了，无法参加每个项目会议，因此许多决策根本没有时间做。在与他的团队谈论这种模式时，他意识到这是一个文化问题：他的团队成员不愿冒险，而他并没有真正授权他们这样做，这使他成为决策瓶颈。随着这种模式变得清晰，工厂经理开始将自己从每个决策中抽离出来，当问题出现时，他一再告诉直接下属要运用自己的判断力，做出他们认为的最好的决策。起初，他的员工犹豫不决（或者不相信他），并继续回来问他该怎么做。但是在接下来的几个月时间里，随着他一再拒绝为他们做出决策并继续推动他们自己去做，文化开始发生变化。随着团队成员做出自己的决策以及文化开始转变，项目的交付时间显著提前了。

在组织的各个层面上，识别文化转变或优先事项都非常重要。在20世纪90年代，杰克·韦尔奇发现通用电气存在高度官僚、行动缓慢、等级森严、复杂而过度分析的问题。他和他的领导团队强调并希望鼓励将"速度、简单和自信"作为通用电气的三种文化特征，并认为这对通用电气在21世纪的成功至关重要。

当肯·弗雷泽成为默克制药公司的首席执行官时，他做了类似的事情。当时，默克制药公司正在整合其对舒灵制药公司的收购，两家公司的合并创造了一个非常庞大但过于复杂和决策缓慢的企业。为了应对这一挑战，弗雷泽制定了文化目标，重点关注"优先事项"（专注于重要事项）、"协作事项"（与他人合作完成这些重要事项）和"简化事项"（找到最直接和最简单的方法来完成它们）。

转变文化

当然，仅仅陈述一些期望的文化转变是不够的。你还必须采取行动，让你的组织朝着这些方向推进。虽然你可以执行一些有力的象征性行动来模拟文化（请参见"塑造文化行为的象征性行动"方框中的内容），但本章中我们描述的管理人员的其他要素也构成了启动文化转变的更深层次的方法。

塑造文化行为的象征性行动

作为领导者，你可以通过塑造你想要鼓励的行为，来对组织文化产生巨大的影响力。安杰洛·基尼基和查德·哈特内尔（艾莉森·比尔德的文章《CEO 不应该试图体现公司文化》中有描述）的一项研究发现，在业绩优秀的组织中，CEO 的行为实际上与主流文化有所不同，因为他们的工作是为组织带来新的工作方式。他们指出："领导风格是具有传染性的。因此，如果一位 CEO（希望围绕结果制定更多规则）在一年内每隔一周与他的高层团队进行战略和执行评审，这将产生涓滴效应，最终改变整个企业的文化。"

领导者也可以通过小的、微妙的，甚至是象征性的行动来影响组织文化。杰克·韦尔奇曾经通过发送个人手写便条给员工来强化和认可他想要鼓励的特定行为。摩托罗拉前 CEO 罗伯特·加尔文经常在员工餐厅用餐，以示高管是平易近人的，愿意倾听他们的心声。一家与知名公司合作的大型金融公司的新总裁也在通过类似的方式来塑造公司文化。她在办公室里挂了一张"不要抱怨"的牌子，以强调解决问题而不是仅仅抱怨它们——这个信息很快在公司内部传播开来。我们见过其他高管利用他们个人参与非营利事业的方式来鼓励员工回馈社会。

作为领导者的一个现实是，人们会从你的行为中推断出信息和信号，无论你是否有意传达这些信息。施乐公司的安妮·马尔卡希告诉我们，作为一名 CEO，最困难的事情之一是她必须"时刻保持警觉"，因为即使是她在不经意的时刻说的话或表现出的方式也可能被解释为重要的信号。不利的一面是，领导者的不良行为（麻木不仁、滥用职权、缺乏问责）可能会为其他人创造出一种效仿的许可，从而导致极度的不正常文化。然而，积极行为的影响可以成倍扩大，这是好的一面。

打造你的领导团队

如果你有一些明确的文化转变想法，那么你可以寻找那些倾向于以这种方式工作的人，就像达伦·沃克积极招募更具数字化敏锐度并能在数字世界中更有效地工作的新项目经理一样。如果你团队中的某个人不符合你的文化目标，你可能需要让他们离开，就像韦尔奇让那位与韦尔奇的文化目标不符的高绩效业务领导者离开一样。这件事情在通用电气引起了轰动，让员工认识到文化行为的重要性，并将其纳入晋升、奖励和发展的考虑因素中。多年后，许多人仍然认为那一刻是改变通用电气公司文化的转折点。

在你管理所有团队协同工作的过程中，请让他们花几分钟时间思考自己公司的文化和他们的工作方式，以及他们可以采取哪些不同的方法来实现你设定的文化目标。

利用绩效反馈

绩效反馈是改变与文化相关的行为的更明显方式。然而，要以这种方式使用它，你需要在反馈中非常清楚地说明所需的文化行为和可能存在的差距，而且你需要毫不留情地这样做。在大多数已经改变了其文化的组织中，这种残酷的诚实至关重要。你还应该在 360 度评估中增加有关个人文化适应性的问题。

促进职业发展

当你为员工创造成长和发展的机会，帮助他们在职业上取得进步的同时，你也可以帮助他们理解、内化并实践文化目标，从而实现你的战略。例如，在默克制药公司的高潜力领导力发展课程中，肯·弗雷泽不仅谈到了他对公司的愿景和战略，还谈到了如何建立一个以优先、协作和简化为核心的文化，以实现这一目标。在培训期间，弗雷泽和教员（包括默克制药公司的其他高管）还促进了关于如何将这些文化原则应用于日常工作的具体讨论，并且每个人都做出了具体的承诺。你还可以进行工作轮换和拓展任务，并明确期望这些机会是让领导学习新行为的机会，而不仅仅是接触不同的业务或区域。

提供激励措施

文化行为的积极强化是非常有效的。当组织成员看到那些被奖励、晋升和认可的人是那些表现出所期望的文化行为的人时，这为他们也以同样的方式行事提供了强有力的激励。你还可以通过选择那些已经具备这些行为或有潜力具备这些行为的人来强化所期望的行为。

当然，将所有这些放在一起需要大量的努力，并不是一蹴而就的。然而，从长远来看，建立一种有助于实现战略目标的文化，并且让员工感觉良好，可以对你的组织产生巨大的影响，并加强社会契约。作为领导者，这也可以给你带来极大的回报。回顾他在加州大学伯克利分校哈斯商学院担任院长的经历时，理查德·莱昂斯告诉我们，让学校与简明的文化原则相一致或许是他所取得的最重要的成就，因为这已成为吸引学生和教职员工来到该学校的关键因素。理查德塑造文化的同时也塑造了他的遗产："文化为这个学校注入了灵魂，这将超越我的生命。"

本章中所描述的实践并非连续的步骤或一次性活动。相反，为了创建一个高成就和高士气的组织，你需要不断地实践这些要素，并确定在组织不断变化的情况下用适当的方法来处理它们。让人们支持你的愿景和战略需要随时评估和调整这些不同的要素。

如果做得好，你可以吸引人才多年。掌握我们所描述的步骤，创造一个既有组织成功又有个人成功的文化是一项艰苦的工作，其中许多相关技能可能不是天生具备的。采取这些行动可能还需要进行一些让人不舒服的讨论，例如当你需要对绩效反馈、晋升或奖励进行严格处理时。获得组织成功和个人成功之间的正确平衡可能不会为你赢得任何东西。但从长远来看，这将成为释放你自身领导潜力和产生对组织有重大影响的关键之一。

但要获得这种影响力，你需要激励团队和员工共同朝着结果努力。在第四章中，我们将讨论如何实现这一点。

思考问题

- **组建你的团队。** 你的直接下属团队需要哪些技能和能力？团队是否符合你的期望，或者你是否需要做出一些改变？

- **培养团队合作精神**。你对你和你的直接下属作为一个团队的表现满意吗？你们是否有共同的目标、一致的工作方式和共同的思维模式？你的团队成员是否互相帮助，以实现组织成功？他们是否促进了"团队合作"方法的运用，以防止各自为政阻碍工作的有序进行？他们是否努力推广正确的价值观和绩效行为，并贯穿整个组织？
- **提供绩效反馈**。你为团队成员提供的残酷但具有建设性的诚实反馈有多忠实？你的团队成员对其直接下属提供的坦诚的绩效反馈有多好？
- **培养人才**。你是否花费了足够的时间来培养团队成员的技能和能力？他们在职业生涯中渴望实现什么？每个人需要如何发展才能取得成功？你又如何激励他们实现目标？
- **明确激励措施**。你是否已经向团队成员明确表达了个人和集体获得奖励和认可的条件？
- **用行为展现文化特征**。你希望你的团队展现哪些文化特征？你自己的行为是否很好地示范了这种文化？

第四章

专注于结果

有效的领导力不是发表演讲或被人喜欢,而是由结果,而非属性来定义。

——彼得·德鲁克

组织的存在是为了产生个人无法单独实现的集体成果,无论是收入、利润、创新产品还是对社会的贡献。作为一名希望产生影响的领导者,你需要采取具体行动,确保这些成果源于你团队的持续努力。

不幸的是,许多领导者犯了一个错误,认为取得成果仅仅是我们所描述的其他领导力实践的副产品。他们专注于创建愿景、制定明智的战略、吸引合适的人才,花费的时间很少考虑这些活动是否为他们的组织或团队带来了最高水平的绩效。但要实现高绩效,你需要专注于具体的结果。当你必须取得成果时,这会迫使你和你的团队以不同的方式工作,并发现你从未在没有压力的情况下看到的新机会。

专注于结果并不是在你完成其他实践后单独进行的一个连续的步骤。相反,你可以以结果为重点来处理工作的许多方面,包括其他实践。例如,为了取得成果,你必须明智地决定如何执行你的战略,而专注于结果也可以影响战略本身,正如我们将在一个领导者的故事中看到的那样。专注于结果还可以帮助你确定你需要哪些人才能力,同时帮助你开发这些能力。对于一个领导者来说,你的结果应该始终与你和你的团队试图实现的愿景相匹配。

在本章中，我们将介绍创造结果关注的四个要素：

- 确立可衡量的业务成果的高期望值，并要求员工对实现这些成果负责。
- 降低组织的复杂性，以便更好地实现成果。
- 提升员工能力，特别是在需要采用新的工作方式时，以取得更好的业绩。
- 通过定期的指标报告和运营审查来保持执行纪律。

当然，这一切都不容易。对于许多领导者来说，实现结果所需的技能并不是天生具备的，特别是对于严格要求员工对其绩效目标负责并就运营绩效提出严厉问题的能力。对于那些厌恶冲突的人来说，获得结果意味着要控制面对他人和解决分歧的焦虑。而要推销一组高绩效目标，你需要善于利用挑战来激励员工。然而，掌握这个领域可能是成功和失败的区别，不仅对你的组织或团队来说，而且对你的职业生涯和他们的职业生涯来说也是如此。事实是，创造成果的记录将比你简历上的任何其他内容都更能为你创造新的机会。

为了向你展示专注于结果的含义，我们将以塞莱娜·玛西亚为例，在职业生涯的早期阶段，她曾经是 XL 保险公司北美财产和意外伤害险业务公司的首席执行官。（她现在是 AIG 的执行副总裁。）

专注于结果——XL 保险公司

当塞莱娜·玛西亚（当时名为塞雷娜·马格）于 2010 年被招募成为 XL 保险公司北美财产和意外伤害险业务公司的首席执行官时，她说这是"一个表现不佳且正在萎缩的业务"，其保费收入仅不到 8 亿美元，综合比率中等（这是保险公司盈利能力的一种衡量标准）。玛西亚的愿景不仅是提高盈利能力，还要创建一个自我维持增长的业务，能够在北美赢得财产和意外伤害保险业务市场的重要份额，这两者都需要强烈而不懈地专注于取得成果。

玛西亚知道她不能独自完成这个任务，她需要让团队专注于取得更好的成果。但是，她的许多团队成员已经在 XL 保险公司工作了很长时间，他们认为自己已经尽力了，并且怀疑快速增长是否可能实现。此外，保险专家担心不受限制地追求新的保费收入将要求他们承担更多风险，他们强烈认为这是错误的做法。因此，她面临的第一个挑战是让自己的团队与她的期望和以结果为导向的思维方式保持同步。

为了开始这项业务，玛西亚召集了她的团队来分析业务数据。他们的工作揭示了其中一个团队的国家市场份额高于其他团队，这为玛西亚提供了确凿的证据，表明显著的改进是可能的。如果一个业务能够做到，那么其他业务也可以。玛西亚根据这个分析结果制定了一个激进的、全公司范围内的市场份额目标。

然后，她要求她的高管团队成员每个人都制订具体、可衡量、战略性的增长计划，展示他们如何实现其部分的目标。一些团队成员在这方面遇到了困难，他们太专注于思考核心业务已经如何运作，以致无法创造性地思考如何重新配置 XL 保险公司的资产以实现特定的增长目标。当他们未能提供可行的计划时，玛西亚追究了他们的责任，并以富有同情心但坚定的方式采取了我们在上一章中描述的一些行动，以替换那些不适合组织的高管团队成员。

在她的任期早期，玛西亚也认识到组织结构中有一些方面对于一个专注于提高业务成果的团队来说毫无意义。例如，职能部门比业务领导者更有权力，而这些业务领导者的团队将完成实现目标的工作。她重新组织了业务结构，让业务领导者直接向她汇报，而不是通过其他人，这使她能够更好地专注于他们正在制订的增长计划，并对其负责。

玛西亚也知道；她所要求的增长需要企业的许多部分以新的方式运作。例如，XL 保险公司的增长计划的一部分表明，新业务将在某种程度上来自转变为更加积极主动地寻找新业务，而不是被动地等着评估经纪人发送的提案。对于承销商和其他人来说，这是一个重大的转变。为了帮助他们开发新的模式，她创建了五个小团队（包括承保人员），并要求他们在 100 天内赢得 XL 保险公司之前未进入的区域市场的新业务，并为所有团队提供

30 天的检查。通过试错的过程，这些团队学习了这种新的商业模式，了解了新的区域市场。100 天结束时，他们赢得了第一笔新业务，并且更多业务随之而来。

最终，玛西亚建立了一个有纪律的系统来监控组织的持续运营表现。她确定了衡量指标，而不仅仅是最重要的结果，还包括指向她的新举措和企业增长健康状况的业务方面的指标。她建立了员工进展更新、高管团队会议和与她的直接下属进行一对一的会议，以定期坦诚地讨论这些数字。

玛西亚专注于业务成果，推动了业绩的大量增长。她在 XL 保险公司工作三年后离开，去 AIG 迎接下一个挑战时，该业务已经从保费中获得了约 18 亿美元的盈利收入。同样重要的是，玛西亚已经改变了 XL 保险公司业务的文化，使得每个经理都期望追求下一个层级的业绩。在玛西亚离开一年后，接替她的领导者（她之前的直接下属之一）使业务的营收超过 30 亿美元，这对于一个几年前还表现不佳和不断萎缩的企业来说是一个难以置信的成就。

设定高绩效目标并让员工对其负责

专注于结果的第一个要素是为你的团队的业绩设定积极的目标，并让你的团队对这些目标负责。无论你是在制定愿景或战略，还是在执行这些计划，让你的团队专注于具体的、可感知的目标，可以创造更紧迫的感觉，特别是如果他们知道未能达到该目标时会产生一些后果。通过将团队成员的注意力集中在一个超出目标之上，而不是让他们的思维停留在业务当前的运作方式中，你也可以让他们自由地思考如何通过不同的方式来实现目标。如果他们无法实现目标，你也会很快得到反馈。

同时，不断提高绩效期望值是领导者推动团队形成更重要影响的关键方式之一。正如已故教授 C. K. 普拉哈拉德曾经告诉我们的那样，领导者的工作不是成为维持稳定绩效水平的"看守人"，而是成为推动组织交付更多成果的颠覆者。根据普拉哈拉德的说法，如果领导者不扮演这个角色，他们就有可能成为一个可能无法生存的组织的"承办人"。让我们更仔细地看看你如何做到这一点。

提高期望值

我们已经看到，设定高期望值是发展愿景（完成大胆的、刺激的、雄心勃勃的目标）、制定战略（进入新领域）和发挥人才最大潜力（挑战性任务）的关键领导步骤。这也是提升业绩的基本起点。

要设定一个具有挑战性的绩效目标，首先要确定一两个关键绩效指标，以便了解你的团队或部门是否朝着你的愿景迈进（或者没有）。这可以是收入或盈利数字，或者是质量、周期时间、客户满意度、新产品推出等方面的指标。然后设定一个具体的改进目标，让你的员工感到惊讶，因为它似乎是不可能实现的。如果你得到了这样的反应，说明你的思路是对的。你希望人们意识到，仅仅是做更多他们目前正在做的事情，或者仅仅是更加努力地工作和加班，并不能让他们达到目标。相反，他们需要以不同的方式、更聪明、更有创造性地工作，而且他们必须在实践中找到方法。

当然，你不应该将目标定得太高或太离谱，以防你的团队放弃甚至不去尝试。因此，你需要提供一些证据来支持你的目标，证明成功是可能的，比如其他人已经取得了类似的成果，或者客户需要你所提供的服务。（有关开发团队目标的其他方法，请参见"如何为你的团队制定一个充满挑战的目标？"方框中的内容）

如何为你的团队制定一个充满挑战的目标？

如果你想让团队成员专注于更高的成果，你需要用一个充满挑战的目标来激励他们。但是如何确定正确的目标呢？以下是几种方法：

- **请内部或外部客户指出你的团队可以做些什么来帮助他们更成功**。例如，一家数字营销公司的分析团队负责人向她支持的几位销售经理提出了这个问题。最常见的答案是确定哪些广告特征最有可能被不同类型的客户点击，这将帮助他们更有效地定位销售目标。基于这些讨论，她随后提出了挑战。她的团队将使用预测模型，在接下来的六个月内帮助销售领导将四个客户群的点击率提高10%。
- **请让你的团队成员自行识别他们最棘手的问题**。通过这种方法，一位技术领域服务团队的负责人发现，工程师们在到达工作现场时，如果现场没有准备好或缺乏合适的设备，他们便会感到沮丧。基于这些反馈，该领导者设定了一项年度目标，即在工程师们到达时，95%的现场都已准备就绪。
- **预测可能的危机**。危机情况的核心是由外部事件引起的压力目标，例如自然灾害、竞争意外或罢工等。当然，你不希望这种紧急情况真的发生，但你可以考虑各种可能性，并将其用作压力目标的起点。例如，如果一场风暴摧毁了你的一条生产线，你需要一个压力目标，即增加其他工厂生产线的产量来弥补差距。或者，如果一个重要客户突然转向竞争对手，你可能要制定一个压力目标，即将你的首次讨论到关闭率加速30%，以弥补差距。

想想你的团队、部门或单位，有哪些可能的目标可以用来推动对结果的关注？

例如，当玛西亚加入XL保险公司时，她迅速召集业务和职能领导人一起查看业务的整体数据，这是他们作为一个团队从未做过的。在那次会议上，她指出他们八个财产和意外保险业务中的一个已经在全国市场上占据了3%的份额。虽然这很谦虚，但如果所有业务都能达到这个水平，他们的综合保费收入将增长到32亿美元以上。"显然，"她告诉他们，"我们不可能一夜之间达到这个数字。但是，显著的增长是可能的——我们已经在一个领域证明了这一点——并且我们应该在未来三年内争取实现这一目标。"

玛西亚承认这个目标很难达成，但她也表达了强烈的信念，认为她的团队和组织可以做到。这种同情心（"我们知道这很困难"）和鼓励的结合对于激励人们非常重要。

在这方面，玛西亚还指出，XL保险公司有很多优势——市场上良好的声誉、可靠的产品、庞大的经纪人网络和强大的技术专业知识。因此，它有很多资产可供使用。他们只需要想出创造性的方法来利用它们促进增长。然而，玛西亚强调，她所说的不仅仅是增长，而是有针对性的机会，符合XL保险公司的承保和风险标准，并且能够改善至关重要的综合比率。

表面上看，要想让员工取得卓越的成果，明确地要求他们似乎是非常合乎逻辑的，甚至是简单的。但正如罗伯特·谢弗在《哈佛商业评论》的一篇经典文章"要求更好的结果——并得到它们"中所指出的那样，建立高绩效期望值的能力可能是组织中"最普遍且未充分发展"的领导技能。这是因为人类行为往往会导致领导者无意识地回避对其员工提出严格要求，因为他们担心自己无法成功，从而不得不解雇他们，或者他们可能会就目标进行争论，或者他们可能会想要用一个目标来交换另一个目标。事实上，正如玛西亚在她最初的谈话中为她设定的绩效目标辩论时告诉我们的那样，"我的直接下属和同事们都认为我完全疯了"。

但是提出这些严苛的要求可以改变你的组织或团队。对于玛西亚来说，让她的团队创造一个产生数十亿美元的盈利和业务稳定增长的过程是追求结果的一个重要时刻：如果她没有用这个看似疯狂的目标推动他们达到更高水平，团队可能会继续做他们以前做过的事情，结果也是差不多的。

对于组织中的职能或团队领导者来说，提出这些以结果为导向的要求同样适用，而不仅仅是像玛西亚这样的首席执行官。每个团队都有潜力变得更加高效并创造更大的价值，但除非他们受到要求型领导者的挑战，否则这种变化不会发生。

追究责任

每位领导者都谈论着对实现可衡量目标的人员追责的重要性。然而，要真正实现这一点并不容易。没有人想被视为（或让人感觉）刻薄的、不公的、固执的或不合理的，而这往往是因为你没能达成目标而造成一定的后果时常常发生的情况，例如扣留奖金、减缓晋升速度、将员工调到另一个职位或将某人完全移出组织。

然而，如果你为了避免这些艰难的决定而过度迁就，你的员工就不太可能实现高绩效目标。人类为了能把好的结果归功于自己而发挥无限的潜能，却为了能逃避失败的责任而找出任何借口。正如一位IT项目经理曾经告诉我们的那样，"我们可以把一个坏天气作为很多月来推迟交付的借口"。这些辩解最棘手的地方在于，很多确实是真的。技术变化迅速，很难实现承诺的收益；竞争对手做出意外的举动影响结果；新的法规限制了你的员工采取行动的能力；经济的起伏使计划变得不可能等。现实情况是各种事情总会发生。追究员工的责任可能会让他们觉得自己在那些超出他们控制范围的事情上被公司指责。

更难的是，大多数时候你的员工确实在勤奋工作，加班加点，付出额外的努力。再加上他们可能对你和公司忠心耿耿，可能已经在公司工作了很长时间，还在其他许多方面做出了重要贡献。所以，你会自我合理化，如何对这些出于好意的下属采取惩罚行动呢？相反，更有意义的做法是再给他们一次机会，对所有的困难感同身受，奖励他们的努力而不是结果。

尽管这听起来很合理，但将其作为处理团队问题的标准方式会导致问责制的瓦解，并可能导致不能实现你的目标。在某些情况下，这可能是正确的做法，特别是在创新、高风险的项目、新业务启动或真正发生意外的情况下。但总的来说，如果有人脱了干系（没有受到处罚），那么每个人都会期望如此。最终，努力工作（或看起来像是在努力工作）但无法取得成果变得可以接受，这意味着平庸的表现成为常态。这对组织不利，对你的领导力也不利。正如康尼格拉的前首席执行官加里·罗德金所解释的那样："只有当我知道我的员工所做的承诺是板上钉钉的，并且他们确实能够兑现时，我才能安心入睡。"

相反，专注于结果意味着你必须根据员工实际交付的成果来评估他们。努力并不能代表一切。因此，你应该对他们面临的挑战、需要克服的干扰、组织层面的障碍、恶劣天气以及其他一切使实现目标变得困难的因素表示同情。你应该帮助他们思考如何克服这些困难，以及实现目标需要付出什么努力。这就是杰克·韦尔奇所说的"软心肠"部分，涉及做出艰难的人员决策。然而，你不能耗费太长时间才进入这个很难做出决策的过程部分。如果他们已经得到了所有的帮助、支持和鼓励，仍然无法交付成果，那么你必须采取行动，否则他们不会认真对待目标。这也是我们在第三章讨论的社会契约的一部分。

你不必化身恶魔并立即解雇那些未能达成目标的人。你可以给这个人设置一个具体的节点，在接下来的两周内帮助他重新回到正轨，或者给他一个短期测试，看看他是否能够实现不同的目标。另一个选择是将这个人分配给同事或团队带头人，看看他在下一个任务中是否能够学会更有效地产出。你也可以将该员工调整到组织中的另一个角色，以便他能够发挥更大的作用。然而，什么都不做不应该是你的选择之一。不采取任何措施对于低效绩效的容忍会向整个团队，甚至整个组织传达出你不认真实现成果的信号。

在 XL 保险公司的案例中，追究责任对于玛西亚来说确实是一个关键问题，特别是因为她的前任并没有严格执行结果的交付。即使他们过去的业务数字不太好，她也不能假设现有的业务领导人没有能力交付，因为从来没有人追究过他们的责任。她必须给他们一个机会。

玛西亚制定的第一个测试是要求她的高级业务领导人制订具体可衡量的增长计划，这些计划将在三年内共同推动业务实现 30 亿美元的高质量保费收入目标。要求他们与团队合作，找出如何实现盈利增长且不带来风险的方法，这本身就是一个挑战，这些领导人以前从未做过。事实证明，一些业务领导人未能达到玛西亚的期望。他们没有足够的创造力，无法激励团队提出新的想法，也没有与职能支持部门合作，无法为玛西亚所在的整个团队做出真正的贡献。因此，玛西亚没有犹豫，而是迅速换掉了他们。正如她所说："我看到了我们需要什么，也看到了一些人不适合这些工作。我曾经为此苦恼，但我意识到，我只有这样做才能像身边的团队一样获得成功。"

玛西亚并不是随意地把人们挪开。在她的业务领导人制订计划的同时，她与每个人进行了一系列坦诚的讨论，谈论了她的期望和他们能够实现的目标。当有几个人无法兑现承诺时，她采取了行动。然后，在直接下属执行计划时，她继续这样做，就像是一种短期的、加速版的绩效表现。

在上一章中，我们讨论了反馈过程。在接下来的一年里，她进行了这些对话，最终更换了一些业务领导人，因为他们无法达到她对组织的期望。但这并不意味着她解雇了他们。有些人只是被调到更适合他们技能的职位上。正如玛西亚所解释的那样："他们不是这些工作的合适人选。但这并不意味着他们不是好员工或没有能力做出贡献，只是他们没有实现更高增长预期所需的技能。"

再次强调，让员工对结果负责不仅仅是首席执行官或高级管理人员的职责。各级领导都需要这样做，以创建一种负责任和结果交付的文化。如果你团队中的成员没有实现他们的目标，那么你也不会成功。如果你在职业生涯早期不学会如何追究员工的责任，你就不太可能晋升。因此，尽管你可能无法将团队成员调动到组织的其他部门，但你可以进行严厉的绩效谈话，暂停奖金或晋升建议，调整团队内人员的角色和职责，并明确表明实现业绩目标是不可妥协的。

简化组织流程，降低复杂性

当你的员工努力实现你设定的高目标时，他们可能会发现组织上的障碍妨碍了他们的进展——例如，报告结构导致某个团队没有动力与他们合作，或者过时的流程没有考虑到新技术。你的团队成员将自行处理其中的一些问题。这是你了解他们的能力、潜能和创造力的一种方式。但有时候，他们发现的障碍需要你作为整个团队的领导者来解决或减轻，因为这些障碍在许多团队都出现过，需要有更高层次的权威来解决。消除这些障碍是专注于结果的第二个要素，因为这有助于你的团队更简单、更高效地协作，以实现高绩效的结果，并让你的组织产生更重要的影响力。

在《哈佛商业评论》的文章"以简为本的管理"中，罗恩描述了组织中存在的四种类型的复杂问题。作为领导者，当这些类型的复杂问题出现时，你需要简化它们。

- **结构性分裂**：组织设计上的变化会妨碍事情的完成。你可以通过定期检查部门或团队的结构并调整它，以确保它尽可能简单地服务于你设定的战略，从而解决这些问题。

- **产品多样化**：增加新产品和服务，而不减少任何产品或创建多个产品和服务的变体。对你的部门或团队的产品组合进行审查。哪些产品最赚钱或最具有增长潜力？哪些产品最能满足你的客户需求？哪些产品的收益在递减？哪些产品可以标准化？淘汰或更改那些不再适合的产品。
- **流程演进**：一些完成任务的方式已经过时。为了简化复杂的流程，需要将不同级别的业务利益相关者聚集在一起，从根本上重新设计流程。
- **管理习惯**：妨碍结果的行为需改进。邀请你的团队成员就如何简化与你的互动提出建议。也许你可以更清晰地委派跨职能问题，更有效地运行会议，或简化你的日常报告模式。

所有组织在这些方面都会遇到不同程度的复杂问题。你的团队可能会发现其中一些问题，但你也应该自己诊断哪些需要简化，以及按什么顺序进行简化。

例如，在 XL 保险公司，玛西亚在加入公司的前几个月就确定了两个关键的复杂领域，一个与组织结构有关，另一个与承保流程的演变有关。由于它们都涉及向她汇报业务的两个部门，即财产和意外伤害险部门，因此玛西亚是 XL 保险公司唯一能够解决这些问题的人。作为公司的新手，她也几乎是公司唯一一个能够识别这些问题的人，因为这些问题随着时间的推移已经成为公司内部现象的一部分，因此大多数团队看不见它们。

在玛西亚与她的新直接下属的第一次会议中，出现了结构性问题。在会议上，玛西亚意识到，组织中仅有两位业务领导人（财产和意外伤害险部门的负责人）坐在会议桌旁。她的其他直接下属都领导着公司的支持部门，如运营、财务和人力资源部门。她回忆道："这是颠倒的，虽然支持部门很重要，但它们并不直接对结果负责。"当她进一步考虑这个问题时，她认识到组织结构使得员工的职能比业务领导者的更加强大，因此这些支持部门实际上正在为企业做出决策，而不是促进盈利增长。更令人担忧的是，其他业务领导者，包括汽车、住宅、商业和其他业务部门的负责人，只能通过财产和意外伤害保险部门的领导向玛西亚汇报。基于这一洞见，玛西亚将支持部门整合到新设立的首席运营官下，并让其他六位业务领导人与首席运营官、分销负责人和承保负责人一起直接向她汇报。这种去层级的方式使她能够更直接地关注业务领导者和他们正在制订和执行的增长计划。

在承保方面，玛西亚也看到了一个重大的机构壁垒。承保团队在风险评估和定价方面拥有出色的技术能力。但玛西亚发现该团队的核心流程是对内的：承保人员等待经纪人提出保险方案，然后使用他们严格的技术标准进行评估。由于这个过程，XL 保险公司最终只撰写了极少数提交给它的提案，并花费了大量时间评估和拒绝不适合它的机会。

玛西亚认识到有机会改进这个流程。她组织了一个工作会议（类似于第三章描述的那种"群策群力"会议），让承保人员和业务人员共同想办法简化流程，这样他们就可以把时间花在进入新领域以增加保单收入上，而不会给公司带来不必要的风险。会议期间的对话揭示了一个关键点，那就是让承保人离开他们的办公桌，实际上与经纪人一起在现场工作。通过这样做，他们可以共同寻找符合承保标准的有针对性的新业务，以更高效的方式进行承保。因此，保险承销商不再需要等待经纪人带来的业务，然后进行判断，而是可以帮助制定关于经纪人应该关注的业务类型、市场、地理位置和产品的标准。

对于 XL 保险公司的承保人员来说，这是一次重大的文化转变和流程变革，但这是帮助玛西亚实现其激进收入目标的关键因素。随着早期成果的逐渐显现，承保变成了促进增长的推动因素，而不是阻碍组织向前的绊脚石。

每个组织都会存在流程过于复杂，从而限制绩效的问题。有时，这种复杂已经融入文化中，让人看不见摸不着就像玛西亚在 XL 保险公司所面对的障碍一样。而有时，这种复杂虽然看得见摸得着，但人们无法对其采取任何行动。你消除或简化它的能力将决定你能够多快地实现业务目标。

在取得成果的同时培养能力

如果你的员工不知道如何完成你需要他们完成的工作，高目标和组织简化都无法帮助你改善业务结果。例如，增加销售额可能足够简单：打更多的销售电话，针对不同的客户销售——这些都需要相同的技能。但更常见的是，改善业务结果不仅仅是更加努力和做更多的事情的问题。相反，它需要新的方法和更聪明的工作方式，这些方式可能并不明显。增加销售额也可能意味着你的团队应该进行更多的交叉销售、团队销售、咨询式销售、间接销售、在线销售或外呼销售，或者以上所有方式的组合。但是，如果团队从未做过这些事情该怎么办？这实际上需要销售团队开发新的能力。

以结果为导向的领导的第三个要素是创造机会，让组织中的数十、数百甚至数千人学习如何以不同的方式工作以获得更好的结果。许多领导者往往想要从上而下地指导能力相关的变化，这听起来可能是一种合乎逻辑的方法。你可以开展培训计划，教员工新的工作方式，你也可以改变薪酬和晋升计划，提供适当的激励，正如你在上一章中学到的那样。因为你是老板，你可能会认为员工会听从你的话。

正如我们在上一章中所看到的，达伦·沃克让他的福特基金会项目经理们接触技术专家，帮助他们了解数字世界。但项目经理们必须想办法以他们自己的独特方式，将他们从技术专家那里学到的东西应用到自己的项目中。培养能力不是一种照葫芦画瓢的练习。

经过多年的研究，罗素·艾森史泰特和他的同事们在《哈佛商业评论》的文章"为什么变革计划无法产生变革"中得出结论，组织中最有效的变革来自自下而上的实验，即经理和他们的员工学习新的能力并获得成功，然后将新的方法传播给其他人。然而，领导者可以通过要求实现超常目标来刺激自下而上的实验。当团队意识到他们不能继续通过过去的做法来达成目标时，会迫使他们寻找新的方法。

为了有意地启动这些实验，你可以采用一种我们称为"快速成果计划（Rapid Results Initiatives，RRI）"的方法，这种方法是由罗恩的前公司谢弗咨询公司首创的。在这种方法中，领导者建立了一个结构化的过程，赋予小团队的经理和员工权力，以实现公司增长战略的一个要素，并在100天内产生实际结果。在此过程中，团队自行确定执行战略和实现结果所需的要素。他们进行实验，尝试各种方法，快速失败，并不断迭代，以找到有效的方法。在这个过程中，他们不断提升自己的能力和公司的实力，以实现目标。

例如，在 XL 保险公司，玛西亚的增长战略的关键要素之一是针对特定的地理市场开展业务，这些市场将成为其财产和意外保险产品的肥沃土壤。

为了执行这一积极主动地寻找新业务而不是等待业务自己到来的战略，该组织必须开发新的能力，比如，如何识别关键市场机会；如何教育经纪人了解 XL 保险公司的产品，并与他们合作寻找新业务；如何跨业务线展开合作；如何更好地利用核保时间和成本，将重点放在最佳机会上，而不是对所有事物进行评估；以及其他方面的能力。

为了大规模开发这些能力并同时取得成果，玛西亚委托了五个 RRI 团队。她给每个团队一个挑战，即在 XL 保险公司之前未进入的地理市场（如堪萨斯城或圣路易斯市）中赢得新业务，并在 100 天内获得首批成果（可衡量的保费）。团队成员包括承保人员、八个业务线的代表、分销人员（负责经纪人网络）和其他人员。

在 100 天的时间里，该团队尝试了不同的方法来实现他们的目标，并迅速开始了解什么有效，什么无效。为了捕捉和传播这些经验，玛西亚每隔 30 天就将团队聚集在一起，检查进展并分享见解。这些会议还有助于在过程中注入紧迫感和竞争力，因为更成功的团队会自豪地分享他们的早期成果（有关这些早期胜利的力量，请参见"小胜利的力量"方框中的内容）。正如玛西亚所描述的："我们在第 30 天时召开了检查进展的电话会议，其中一个团队落后了很多。如果你看到其他人都成功了，你肯定也不想落后。所以竞争会一直都比较激烈，也许在下一个检查点，落后的队伍突然就领先了。"

小胜利的力量

玛西亚在与快速成果计划团队合作中强调的一个关键方面是为员工创造获得小胜利的机会。除了为团队提供实时发现和测试新方法的低风险方式，小胜利还可以让团队有信心尝试新事物并打破旧的行为模式（和绩效水平）。

哈佛商学院教授特蕾莎·阿玛比尔和合著者史蒂文·克莱默在《哈佛商业评论》文章"小胜利的力量"中描述了这些心理好处。他们的研

> 究表明，在有意义的工作中取得进展是工作日中情绪、动力和感知最重要的助推器。积极地强化可以激励人们继续前进。看到进步让我们感到所有的努力不仅仅是为了薪水。为了对抗这种低落情绪，许多领导者觉得他们的工作就是拍拍员工的后背，鼓励他们继续前进。不幸的是，如果没有明显的实际结果证据，这些善意的姿态往往会被视为隐晦的压力。相反，作为领导者，你的工作之一就是帮助你的团队实现那些真正的结果，即使只是小小的成就，就像玛西亚的快速成果团队给 XL 保险公司的员工提供了一种快速体验真正成功的方式一样。

同时，团队也在学习如何积极推动增长。比如，如何确定与之合作的正确经纪人；如何对那些几乎没有获胜机会的报价进行分类，以便他们有更多时间用于赢得业务；何时以及用何种方式将承保人和分销人员带到现场；哪些材料对经纪人最有帮助；如何帮助经纪人向同一客户销售不同的保险产品；如何在经纪人没有实体存在的市场上远程与他们合作等。

除了新获得的知识和技能，这些团队还在前 100 天内取得了显著的早期成果，带来了数百万美元的新保费收入。然后，这些团队在目标城市扩大了这些初步成果，并为其他市场委托了新的 RRI 团队。随着进程的发展，她请其中一位业务领导者加里·卡普兰监督这一努力，并将 RRI 方法应用于增长战略的其他方面，例如创建一个新的业务来保险建筑项目。在两年的时间里，玛西亚启动了三十多个 RRI 团队，吸引了 XL 保险公司的数百名员工，并创造了数亿美元的新收入，同时在公司内部建立了新的能力。

创建这种迭代学习循环——通过快速测试工作效果和如何拼接各个部分的低风险方式，可以确保你的员工真正交付成果。正如玛西亚在我们关于 XL 保险公司的 RRI 过程的讨论中指出的那样："它不会失败，这不是一个选项。我们会在检查中采取纠正措施。我们曾经遇到过团队在 30 天内遇到困难的情况，但是你可以追赶他们，以便进行纠正。"

然而，迭代过程可能会产生一些具有挑战性的领导力动态：你无法完全控制结果，因为团队会在实践中学习，并且很可能会提出与原始战略计划略有不同的解决方案和方法。战胜你的本能，让这种情况发生——事实上，鼓励它。如果你和你的直接下属只是简单地给团队下发机械式的指令，他们就不会动脑筋或者在实践中反思经验。通过授权他们在学习的过程中进行实验，并从失败和成功中学习，你将让他们有了灵活性，实际上改进和增强了战略所需要的东西。

保持组织纪律

专注于结果的第四个要素是创建并保持一种有纪律的方法来监控你的部门的业务绩效。这包括选择正确类型的指标，建立有效的运营节奏，并就结果进行坦诚的讨论。

这些活动可能看起来像标准的管理工作，但在一个以结果为导向的环境中，它们对于领导者来说尤为关键。要求遵守高目标，简化流程，并给员工自由去尝试和培养自己能力的机会，可以创造很多能量和主动性。但是，如果没有对运营绩效进行定期、有规律的关注，你可能会发现个人以破坏性的方式追求高目标，或者简化的流程实际上并没有按预期工作，或者根据早期实验结果对战略进行的更改失控了。定期而严格的诊断活动系统将帮助你监测和维护公司的健康状况，并在途中进行修正。

获取正确的指标

在 XL 保险公司，正如我们所看到的，玛西亚和她的团队为 8 个财产和意外保险业务制定了增长策略。因此，指标使这些策略得以实施。正如玛西亚向我们描述的那样："在我们制定的策略背后，我们制订了具体的计划，然后我们测量了一切——旧业务、新业务、交叉销售等。被测量过的事情才能被完成。"

玛西亚关于测量一切的评论有些夸张。作为领导者，你真正的挑战是确保正确的事情得到测量，而不是一切都测量。组织会产生大量的数据：

数字、报告、趋势线、热力图、图表、电子表格，这些数据还会得到外部资源的补充，以进行一次性研究并回答特定问题。

然而，大多数情况下，我们并不清楚所有这些数据是否值得付出的成本，是否确实能够带来更好的业务决策和更好的绩效追踪。作为领导者，你的重要工作之一就是提供指导，告诉团队哪些措施和数据可以让你和你的团队随时了解业务部门的情况，同时也要承认有时你并没有全部的数据，但仍需要采取行动（参见"在没有全部数据的情况下做出决策"方框中的内容）。

在没有全部数据的情况下做出决策

虽然拥有尽可能多的正确数据来支持决策非常重要，但有时可能会缺乏信息或无法及时获取，而你仍需要做出决策。根据长期为高级管理层和董事会提供咨询的拉姆·查兰所说，未来越来越多的决策将以这种方式进行。随着变革的速度不断加快，定性因素越来越重要，涉及的变量也越来越多。面对这种模糊不清的情况，领导者不能仅仅依靠分析来做出关键决策，无论是进入新市场、收购公司、尝试新的营销方法、为内部客户提供新服务，还是快速应对客户问题。

当这些情况出现时，正如它们必然会出现一样，查兰在他的《哈佛商业评论》文章"你不能当懦夫——做出艰难的决策"中提出了许多方法，可以帮助你继续前进。首先，你需要筛选出你所拥有的信息，并选择最关键的几个因素。在做决策时，真正重要的是要考虑清楚。其次，要运用想象力，构思出几个选项——我们可以做 A、B 或 C——并推演它们的影响。例如，如果你告诉客户你会为他们做 A，这对你的底线或其他资源的使用会有什么影响？它会在多大程度上开创先例？你有能力兑现这个承诺吗？竞争对手会如何回应？还可能会有哪些二阶、三阶效应？然后，有了这些选项，你可以与团队或一些信任的同事，甚至是客观的外部人士进行讨论。鼓励大家就风险和利益展开激烈的讨论。确保你也从客户或利益相关者的角度来看待不同的情景。

最终，你必须做出决策并相信你现在已经充分了解情况的直觉是正

> 确的，或者至少大部分是正确的。你还必须支持它，并勇敢地为它辩护，无论是面向更高级别的领导、客户、合作伙伴，还是董事会。在这样做的同时，请记住，做出这种决策可能比尝试进行更多的分析和数据收集更好，因为这只会把问题推到更远的未来，延迟任何事情的完成。
>
> 同时要记住，你越是学会如何在没有全部数据的情况下做出决策，你就会做得越好。

这个决策的一部分取决于你自己的倾向。有些领导者希望尽可能地基于硬性数据做出决策。其他人只需要足够的数据来支持或挑战他们的直觉。还有一些人可能更喜欢将硬性分析数据与轶事和定性输入相结合。但你也需要问问自己和你的团队以下问题：

- **我们是否关注了正确的问题？** 许多公司收集的是可用的数据，而不是为了帮助做出决策和经营业务所需的数据。因此，你需要明确你希望数据帮助你回答的问题，然后将数据收集重点放在这些问题上，而不是其他可能的方面。考虑业务或你的部门中最关键的杠杆点——这些点将在成功和失败之间产生最大的差异——以及你需要跟踪这些点上的进展所需的数据。同时也要想一想你正在努力促进的改变，以及哪些数据会告诉你你是否走上了正轨。

- **我们的数据能讲述一个故事吗？** 大多数数据都是零散的。为了发挥作用，这些零散的数据需要被整合在一起，以形成对业务情况的连贯解释，这意味着要将数据整合成一个"故事"。虽然企业数据系统在推动一致的数据定义方面非常有用，以便可以添加和比较，但它们并不会自动创建故事。相反，你应该提前考虑你需要哪些数据来传达你想要讲述的故事，无论是向你的团队、高管、股东，还是向客户，并给你的团队一些指导，让他们知道如何将这些数据整合在一起。但是，请确保不要从一个预先构思好的故事（或结论）开始，然后寻找数据来支持它，而是让数据来描绘故事画面。

- **我们的数据是否帮助我们展望未来而非回顾过去？** 大多数领导审查的指标都是回顾性的。它们告诉你过去的表现，但在预测未来表现方面效果较差。因此，重要的是，要问问什么数据，在什么时间范围内，将帮助你和你的团队展望未来，而不仅仅是对过去做出反应。

- **我们是否有足够的定量和定性数据可以混合使用？**定量和定性数据都不能完全揭示事实真相。例如，为了做出好的产品和定价决策，你需要知道不仅是什么被卖给了谁，还需要知道为什么有些产品比其他产品卖得更好。

显然，业务数据及其分析对于你的部门或组织的成功至关重要，这一点通过业务智能和分析领域正在成为一个价值数十亿美元的产业的这一事实得到了强调。但是，即使是最好的自动化工具，如果你不清楚以上四个问题，也无法发挥其效力。

确立正确的指标的挑战不仅适用于高管领导，也适用于部门、单位和团队的领导。因为如果没有正确的指标，就像在黑暗中驾驶一架没有仪表板的飞机一样。例如，一家数字营销公司广告销售部门的负责人担心销售数字已经停滞不前，尽管她的销售人员仍然像以往一样忙于拨打电话。当她从团队和客户那里开始获得一些定性数据时，她发现大多数客户公司只是尝试一次数字广告投放，然后就不再购买了。因此，销售人员无法建立一个可以不断添加的重复业务清单。她随后与团队一起回溯过去，询问他们如何衡量重复放置的可能性，并发现"页面浏览量"（衡量实际查看数字广告的人数）是一个很好的预测指标，而运营团队（公司的另一部分）已经在跟踪这个指标。然后，她将页面浏览量数据添加到常规指标中，使她的团队能够识别可能的重复购买者和最有可能成功的广告类型。凭借这些数据，团队能够在接下来的几个月显著提高销售额。

你需要同时跟踪多个指标。因此，回答这些问题的结果应该是某种形式的仪表板，或者像罗伯特·卡普兰和大卫·诺顿所说的那样。在他们的《哈佛商业评论》文章"平衡计分卡：驱动绩效的指标"中卡普兰和诺顿提出了"平衡计分卡"的概念。平衡计分卡的基本思想是构建一系列正确的指标，以帮助你为你的团队或组织推动结果——包括财务和运营、回顾和前瞻、定量和定性等各方面。

然而，拥有正确的指标只是开始。你还必须定期与团队进行沟通，这就是运营节奏的作用所在。

建立有效的运营审查节奏

玛西亚为她的快速成果团队实施的 30 天考核是评估进展和进行中期调整的关键论坛。但这只是玛西亚用来确保每个人的努力都能达到她期望的结果的整休运营审查节奏的一部分。这些定期审查还包括每季度的全员进展更新、每周的高管团队会议、与直接下属的定期一对一会议等。尽管她的日程安排很多是不确定的——包括前往客户处拜访、与 XL 保险公司老板会面和处理意外事件，但她创建的会议内部节奏使她和团队中的每个人都能正常有序地推动工作。

定期进行运营审查可以建立一个结构，以了解你正在取得的成果，并定期讨论如何系统性地改进或纠正方向。作为领导者，你的工作是建立这种节奏，如果不存在的话，改进现有的节奏，或将你的团队或部门的节奏整合到公司的节奏中。考虑你想要多频繁地审查进展情况，需要涉及哪些其他人员以及你想要强调哪些问题。然后将你的运营审查安排到进度表中，为你和所有参与者安排好时间，并确保每个人都将这些会议视为真正的承诺。你还应该为审查建立一个定期的议程，留一些灵活的空间，以应对可能出现的意外问题。

例如，当马克·本杰明担任 NCR 公司的总裁兼首席运营官时，他将审查节奏定为每周一早上与他的团队（分布在全球各地）进行虚拟会议。当他们在"虚拟会议室"里走动时，每个人都会更新关键绩效目标和需要关注的问题。"这是一个重大的承诺，每周都要这样做，"本杰明承认，"但在我们这样的大公司中，如果我们只做一次月度更新，就没有足够的时间深入研究问题，更新之间的滞后时间会使人们无法保持一致。"美国道富银行的高级副总裁简·柯克兰也强调了定期审查和纪律的必要性。她建议领导者们："确保你拥有一套涉及你的所有事物的审查流程。"

你可以使用运营节奏将你的工作整合到业务的许多领域中，也可以应用到本书中讨论的许多实践领域，从战略和创新到员工绩效。以杰克·韦尔奇领导的通用电气为例，他将公司的各个流程组织成一个有节奏、相互关联的序列，并将其描绘为一个圆形赛道，他和他的领导团队会定期绕圈。

新的一年以战略讨论和更新开始。三个月后，韦尔奇和他的团队开始进行业务审查，提出最新战略中的问题。到了年中，进行了中期调整和人才检查，然后进行更多的业务审查和绩效管理。到了年底，基于新的问题和目标制定下一年的战略。随着公司不断前进，每个参与者都分享了学习经验，并讨论及同意改进措施，以不断提高通用电气的整体绩效和影响力。基于这种企业节奏，公司内的每个业务团队和子团队都创建了与整体节奏相匹配和协调的节奏。

考虑一下你的团队流程：它们能否更紧密地联系起来，每个流程的学习和决策直接反馈到下一个流程中吗？如果可以的话，当你的团队在正常推进工作时，越来越多的经理和领导者将会实践和学习关于愿景、战略制定、人才招聘和培养、可持续增长等方面的知识。如果你不是首席执行官，也无法控制企业的节奏，那么考虑一下如何将你的团队节奏融入更广泛的框架中。你需要在什么时候准备与你的老板进行评审，并如何确信每个人都已准备好了呢？

在运营审查中引领坦诚对话

作为领导者，你不能只是设立审查会议，让你的团队报告指标和结果。你必须利用这些会议作为推动团队各个方面工作的机会——通常是强硬的。通过与团队定期进行积极坦诚的业务对话，你将能够快速回应绩效不佳，并迅速确定如何处理不可避免的障碍、问题和机遇。

在 XL 保险公司的案例中，我们看到玛西亚与她的业务领导和直接下属进行了坦诚的讨论。她将这种行为延伸到了与项目团队的审查和整体绩效指标的审查中，旨在模拟这种坦诚的对话，以便它成为一种过于礼貌的文化的一部分。

不幸的是，鼓励和模拟这种对话可能会很困难。你必须避免让坦率导致指责、掩盖或扭曲事实的情况出现。为了解决任何阻碍交付成果的挑战，你的团队必须直面组织的现实情况，而不是经过润色的理想状态。

为了让你的评论有成效，你的问题应该是具有挑战性和直接性的，但始终要清晰地体现加速进展、揭示潜意识假设和解决问题的精神。这样，你不仅可以推动工作进展，还可以建立联系，帮助相关人员学习和发展。避免成为那种只是为了证明自己是最聪明的人或让别人感到不适而提出评论问题的领导者。好的问题实际上应该产生相对的结果：我们见过的许多优秀的领导者都有一种神奇的能力，能够进行苏格拉底式的对话，帮助人们得出自己的结论，以改进计划、项目或运营，这当然会导致更多的责任感和学习。

在运营审查中，首先要就团队或个人的当前成果、计划和项目提出深入的问题。哪些方面做得很好？你在哪些方面遇到困难，为什么？到目前为止有什么让你感到惊讶的事情？你在哪些方面需要帮助、指导、新鲜的想法或资源？提出这些问题不仅能揭示实际情况和需要做的事情，还能让你了解你的团队成员。

泰丰资本的首席执行官安德鲁·盖奇强调，有时他的问题会迫使他的团队以不同的方式思考业务。例如，他之前在澳新银行任职，他的团队为35个市场提供了许多产品，他发现审查中充斥着"没有解决问题的大型电子表格"。相反，他要求他的运营领导者在一页纸上回答几个简单的问题：交易引擎的运行状况如何？我们的每笔交易成本是多少？三年内我们对成本的期望是什么？随着时间的推移，这些问题改变了澳新银行对其运营平台的思考方式，并使该组织走上了更加高效地向客户提供产品的道路。

不要仅仅停留在对业务部门本身的审查上，继续探讨团队运营的更广泛背景。领导者最关键的任务之一是帮助每个人将他们的项目、成果和指标与其他人的工作联系起来，以便他们不会孤立地看待每个单独的问题或难题（请记住第三章中关于"团队的团队"的讨论）。否则，你团队中的个人将无法意识到他们的工作可能会影响其他项目或运营，也无法确定各种倡议的优先级。只有必须时刻考虑与这些团体的联系的领导者才能激发这种思维。

例如，几年前，我们中的一位与一家大型医院的高管领导团队合作。它的定期审查包括该组织的所有与运营结果、患者结果、技术引入以及医疗保健领域其他关键变化相关的个人项目的更新。但是每个审查中都有这么多的更新，以致参与其中的任何人都很难分辨哪些项目最为关键，应该在哪里分配最多的资源。医院团队已经深陷细节中，已经失去了对整体情况的把握。

经过几个月的工作后,总裁要求团队创建一个图表,列出所有审查中包括的项目以及它们如何与组织的战略重点相匹配。这个直接的问题迫使团队将项目放入整体战略的背景中,他们很快就发现,许多倡议并没有推进整体战略。总裁的问题也鼓励团队看到,他们为这些努力分配的排序或优先级是多么少。由于一切都被认为很重要,必须立即完成,每个人,特别是医院的前 100 名经理,都感到力不从心,几乎无法完成任何事情。通过提出这些背景问题,总裁迫使领导者团队优先考虑和精简工作,从而使其更好地专注于最需要努力的事情,以交付成果。

当然,并不是你在审查中提出的每个问题都会改变游戏规则。但是,如果你有勇气挑战假设并将倡议放在战略背景下,那么有可能其中的一些问题会以出人意料的方式产生影响。如果你避免提出棘手的问题,你将开始对为什么项目可能偏离轨道或结果与预期不符做出假设。当这些假设是错误的时,你将创造各种功能失调的模式。例如,在一家金融服务公司中,由于产品经理和 IT 经理对于何时交付产品存在不同的假设,导致一项重大产品升级计划被推迟了数月之久,他们互相指责对方拖延了进度。最终,一位高级赞助人介入并帮助他们提出正确的问题,然后他们得以制订出一个既满足产品经理的要求,又能快速产生增量收益的计划。

实现成果的领导力差异

总之,组织的业务成果的改善不是自然而然地发生,也不是随机完成的,而且关注这些成果也不是一次性的活动。这需要艰辛的努力和勇气,最重要的是,必须一次又一次地进行,最终创造出高绩效文化(参见"文化与成果"方框中的内容)。有你的领导,人们会满足于现状,避免处理困难的障碍,采取可用的措施而非正确的措施,并且不会面对彼此的真实表现。因此,追求重大成果是一个永无止境的过程,而让它发生的责任在于你。这就是成为领导者的意义。

文化与成果

大多数领导者都希望他们的组织拥有高绩效文化。这意味着追求成果和改进是一种持续的规范,而不是一次性事件;实现目标和承诺是期望的;各个层面的人都明白取得成果是个人成功的关键标准。

除非领导者有意识地通过本章所描述的步骤引导团队朝这个方向发展并反复强化,否则这种文化就不会生根发芽。正如我们从 XL 保险公司的案例中看到的那样,玛西亚并没有继承该公司原有的高绩效文化,而是通过挑战她的团队,让他们对交付成果负责,并建立机制来持续监督他们的表现,从而创造了一种新的高绩效文化。

即便如此,玛西亚花了三年时间才确立起高绩效文化。在《哈佛商业评论》文章"打造高绩效文化的三个步骤"中,卡罗琳·杜瓦和斯科特·凯勒描述了澳新银行采取的类似流程,该流程也历时数年。结合他们的实际情况,高管们采取了三个关键步骤来改变文化,这些步骤与我们在第三章中概述的步骤相似。首先,澳新银行的高管明确表达了他们想要的高绩效文化的样貌,即以愿景为核心的协同、目标的执行以及超越竞争对手的持续改进。他们还创建了衡量这三个要素进展的指标。其次,澳新银行专注于强化一些关键的文化属性(如客户关注),每隔十二到十八个月进行一次,而不是试图改变一切。最后,澳新银行将文化问题的工作整合到其业务计划中,而不是单独处理。所有这些工作的结果是,每位员工的生产力和其他关键绩效指标显著提高,这些成果都持续了十年。

回顾你自己的团队或部门,高绩效文化在多大程度上已经形成了?如果已经形成了,你可以采取哪些步骤来加强和维持它?如果没有,你可以采取什么措施来让你的团队或部门文化朝着高绩效的方向发展?

思考问题

- **高目标**。你的团队可以达成哪些目标,让你的客户和高层领导注意到？你能把目标设定得多高？
- **责任制**。如果你的团队成员没有达成目标，你设置了什么后果？他们是否真的感觉到必须实现你为他们设定的目标？
- **降低复杂性**。你如何让团队成员更容易完成任务？你能否为他们与组织中的其他团队打好交道，让他们专注于自己需要做的事情？
- **培养能力和信心**。你可以创建哪些100天项目，为人们提供学习如何先在小规模上取得成果的好机会，同时实现团队的最大目标？
- **指标**。你是否拥有一个清晰简洁的仪表板，告诉你和你的团队你在最关键的目标方面的表现如何？你是否拥有正确的实时指标来跟踪进展和领先指标，以帮助你做出快速灵活的决策？
- **运营节奏**。你是否已经为向你汇报的个人和团队创建了定期审查进度的节奏和纪律？
- **评论的坦率度**。你对团队的评论的坦率度感到满意吗？你和其他人是否在建设性地挑战如何做事，然后共同解决问题并进行改进？

第五章

为未来而创新

> 不创新的企业注定衰退、败落,而在当今这样快速变化的时期,衰败也会来得很快。
>
> ——彼得·德鲁克

在本书中,我们为作为领导者的你提供了展望未来的方法:无论是设定愿景、制定竞争战略、发展团队,还是要求更好的结果,你都将不断地推动你的团队、单位或组织走向未来。在这一章中,我们将重点讨论如何建立创新的机制和文化,以创造更多长期增长、持续高绩效的机会。

能够长期保持成功的组织是很难得的,看看福特汽车公司的经历吧。这家标志性的公司多年来一直在亏损中挣扎,直到 20 世纪 90 年代初,管理层重振了产品研发,重新唤醒了组织的深层目标,并实现了柯林斯和波勒斯在《基业长青:企业永续经营的准则》一书中所描述的"卓越转型"。然而,20 年后,由于结构性成本劣势、对市场变化反应迟钝以及普遍缺乏创新,该公司再次濒临破产。2008 年,福特汽车公司在首席执行官艾伦·穆拉利的拯救下再次转型,成为全球最赚钱的汽车公司之一。3 年后,随着穆拉利的离职,福特汽车公司的利润和股价开始横盘,公司再次面临困境。2016 年,董事会解雇了继任的首席执行官,担心该公司无法在一个由自动驾驶和电动汽车引发革命的行业中生存下去。

福特汽车公司成功地挺过了这些起起伏伏,但许多公司可就没那么走运了。标准普尔500(S&P 500)指数公司的平均寿命已经从20世纪50年代的60多年缩短到现在的17年左右。在《哈佛商业评论》的一篇文章"企业生存的可怕真相"中,维贾伊·戈文达拉扬报道了达特茅斯学院的一项研究,该研究调查了1960年至2009年在美国上市的近3万家公司的寿命,发现1970年之前上市的公司存活到未来5年的概率有92%,而2000年至2009年上市的公司只有63%。根据美国小型企业管理局的数据,只有50%的小型企业能坚持5年,而能坚持到10年的仅占比33%。大多数研究人员表示,非营利组织的失败率也大致相同。同样,根据波士顿投资公司剑桥协会的研究,数据显示60%~80%的创业公司在5年后会失败,这一比例还略高于小型企业。

那么,为什么对大多数公司和领导者来说,持续的商业成功是如此的短暂呢?每一个崛起—衰落—重生—再衰落的故事都有其特定剧本,但总的来说,该类故事中总是有两类大反派。

第一类反派来自公司外部:即使一家公司已经成功转型,但市场仍将继续变化,而且往往是突然变化。总会有更新的技术不断出现。全球经济冲击也将周期性地撼动这一体系。当穆拉利英勇地拯救福特汽车公司时,谁又能预料到在几年内,该公司就得眼巴巴地看着特斯拉获得爆炸性的成功?更别说共享交通工具的普及,以及自动驾驶汽车的加速发展。

第二类反派来自公司内部:成功会滋生自满、自我甚至傲慢。当你的单位或公司不断取得胜利时,大家对现状的想法就会不断强化:"如果我们做得很好,就没有必要改变。"短线投资者、股市分析师、兴高采烈的客户等人,也如同啦啦队员一般不断敦促你一再重复相同操作,而不是采取可能会破坏现状的大胆行动。波士顿咨询公司总裁兼首席执行官理查德·莱塞指出,大多数首席执行官都为自己的成功所困。他们因成功转型或改善结果而获得赞誉,但随后便不愿意将他们所创造的东西重新锤炼,并再次转型以达到更高水平。"在某些方面,你必须能够定期从头再来,"他建议说,"同时你也必须将这种心态灌输到组织中,以便对现状始终有一种良性的不满。"

克服这些困难至关重要,无论你是领导一家大企业,启动一家初创公司，还是领导一家大公司的一部分。维持你的业务走向未来，是获得影响力的重要组成部分。对于正在崛起的领导者来说，没有比亲身实践更好的方式来建立你在组织的更高层次所需要的创新技能和心态了。在探索创新的实践当中往往难免失误，而这些失误的后果又通常都在较小的范围内，还能使我们学到宝贵的经验。事实上，创新的机会存在于各个层面。如果你现在领导一个公司部门、一个业务团队，甚至是一个小团队，你需要了解这个团队在整个组织中是如何为今天的营收和明天的再创新做出贡献的，而且你也需要能够将你自己的那部分业务维持到未来。

这一点尤其正确，因为大量的企业创新都是自下而上的——不仅仅是由首席执行官指导或由研发部门发明。与客户、供应商或其他合作伙伴密切合作的一线领导者，每天都会接触到市场上不同的需求和机会、新的工作方法，以及关于竞争对手、新技术和业务变化趋势的见解。去拥抱这些合作伙伴吧，他们能让你了解手中企业的未来，同时帮你预见将来可能领导的更大组织。

此外，创新探索不仅仅是针对面向客户的管理人员。如果你正在领导一个公司的财务、法律、技术、人力资源等职能部门，那么就寻找机会为你的团队改变流程或重组成本。无论你的领导级别或角色职责是什么，都要努力学习一些可能吸引更多高级管理人员注意的东西，这些东西说不定就会在来年的企业战略上惊艳四座。

这种积极倡导面向未来的创新实践有四个具体要素：

- **平衡现在和未来**：创造带宽（信息传输能力）以关注未来，同时仍保持日常运营的高绩效。
- **为未来做好准备**：培养思维模式、发展资金、获取市场情报，以明智地投资于面向未来的业务领域。
- **塑造未来**：推进创新和实践，学习如何推动你的组织进入新的领域。
- **构建未来导向文化**：为你的组织注入技能、信念和价值观，以便很好地创新，并不断地创新和反复地重塑自己。

与本书中的所有实践一样，我们并不认为我们在这些领域中描述的步骤构成了一个线性公式，而是为你的可持续企业创立之旅提供了一个起点。为了让你了解这在实践中意味着什么，让我们看看吉姆·史密斯的经历，他是汤森路透的首席执行官。汤森路透是一家为金融、法律和其他专业行业提供新闻、技术、情报和专业知识的领先提供商。

在汤森路透建立持续的成功

2012年1月，吉姆·史密斯被提拔为汤森路透的首席执行官，接管了这家市值130亿美元的全球新闻信息巨头，旗下业务包括路透社新闻服务；全球最大的法律行业出版公司和信息资源；为大多数银行和交易机构提供终端和数据输入的金融与风险业务；为税务和会计界提供法律、监管和合规信息的主要来源的部门；以及帮助大学和研究人员跟踪和搜索科学研究成果和专利的知识产权和科学业务。

史密斯面临的最紧迫的挑战是整顿金融与风险业务，该业务是公司迄今为止规模最大的业务，并且已经连续五年在不断萎缩的市场中失去市场份额。前几年的经济衰退和金融危机减少了终端的需求，而终端是该部门收入的主要来源。在他任职的第一年，史密斯花了大量时间与金融和风险部门的领导一起研究投资和战略以扭转业务局面，最大限度地实现可持续增长并维护股东利益。

除了专注于金融与风险部门，史密斯还花时间与其他业务部门一起审查其财务业绩、增长计划和资源请求。此外，他还拜访了世界各地的数十家客户，以加强他们与汤森路透的联系，并更好地了解他们面临的挑战。

在上任之初，史密斯就得出结论，他需要改变汤森路透的管理方式——从一个由独立运营公司组成的投资组合，转变为一个更加整合、不那么复杂、增长更快的企业。这个组织已经成立了一个多世纪，通过收购、剥离、合并和分拆（包括在过去10年里的300次收购），每一次结构变化都带来了不同的实践、系统和工作方式。结果到后来，该公司过于复杂，费用重复，流程分散，技术没有得到充分利用，不同业务板块的领导者没有充分地相互学习或受益，大型企业客户需要多个接触点和合同才能与该公司达成合作。此外，这种复杂性使得汤森路透更难在客户细分领域充分发挥其能力的广度和深度，并转移了开发未来技术和产品的资源。

为了解决这些问题,史密斯决定着手创建一个以客户为中心的综合企业,利用其规模优势,更多地通过有机创新而不是收购来推动增长——这一转变将需要数年时间。

2012年,他开始为这一转变奠定基础。他策划出售了一项医疗保健业务和一些较小的业务,因为它们不会成为未来业绩增长的关键贡献者。与此同时,他和他的团队批准并完成了一些小型的技术收购,以补全他们现有的数字平台,例如一家在线品牌保护公司和一家电子外汇交易解决方案提供商。

尽管这些举措有助于加强公司对其核心业务的关注,但并没有直接推动汤森路透走向更大的整合或有机增长。史密斯总结说,要做到这一点,他首先需要管理人员开始解决组织的复杂性。

2012年,史密斯的首席财务官发现了42个不同的计费系统,并将其整合为了一个。为了复制这一成果,史密斯从2013年开始将简化和标准化作为公司的主要优先事项。他在执行委员会中增加了新设立的首席转型官职位,该高管最终将监督公司近三分之一的支出和员工,并向投资者公开承诺,到2017年底,公司将减少与复杂性相关的4亿美元支出。

随着金融与风险部门的稳定,史密斯将更多的注意力转向了公司的长期转型。作为这一变革的一部分,他与员工一起简化了公司的运营节奏,减少了多余的会议,合理化了他的个人日程表,并腾出更多的时间与客户打交道。为了刺激有机增长,史密斯在中央创新团队的协调下推出了一系列创新举措,以在公司内部建立起一种更灵活、更有活力、更有前瞻性的文化。"催化剂基金"是一个小而早期的重要成功故事。该基金由公司中心设立,向渴求突破的个人或团队提供种子资金,去转化那些潜在的新想法——这些想法可以体现为新的产品,或是流程的改进。任何人都可以提出自己的想法,其中的佼佼者将被提交到每月一次的审查委员会上,由史密斯本人担任主席对其进行审查。那些通过第一轮审查的人用他们的资金来验证其概念,他们可以与客户进行测试,收集反馈后进行迭代。在这一过程中产生的最有前途的想法,将作为新产品和服务得到更充分的资助。史密斯还要求他的领导者们在整个组织中指定"创新冠军",参与跨公司的创新活动,在业务评估中引入着眼于未来的指标,并建立沟通渠道和每年一次的研讨会,在那里可以讨论、协调和庆祝有机创新活动。

史密斯在实施创新计划的同时,还特意提出了一项倡议,让公司的文化更具创造性和协作性。从史密斯的管理团队开始,所有的经理和领导者都参加了一个研讨会和后续讨论,目的是建立一种共同的语言和行为预期,然后在绩效评估和晋升决定中得到加强。史密斯还意识到,他的几位高级业务部门负责人和职能部门领导并没有完全接受综合运营公司的想法,也没有真正地相互协作,因此他在同一时间将他们替换掉,扫去了综合运营的阻碍。这给了史密斯一个更具合作精神的团队,并通过公司发出了一个强烈的信号:人人都要认真对待创新和协作的文化。

到 2014 年底,史密斯领导的公司转型开始取得成果。客户满意度和员工留存率伴随着净销售额的提升同比显著提高。金融和风险业务板块,自经济衰退以来首次实现了正的净销售额目标,以快速增长为目标的业务领域总营收增长了 4%。简化项目提高了运营效率,并正在实现其节约目标。

从那时起,史密斯就一直在努力为公司的未来定位。近年来,该公司在世界各地建立了一个创新实验室网络,从南非开普敦到加拿大滑铁卢,该公司的技术人员都可以与当地的客户、合作伙伴和初创公司并肩工作,快速构建解决方案原型。该公司还与 SAP 和 IBM Watson 等蓝筹科技公司建立了合作关系,为其解决方案提供动力。2016 年底,史密斯宣布在多伦多建立新的旗舰技术中心,可容纳 1500 名员工,以充分利用加拿大硅谷日益集中的工程技术人才优势。为了加强对新旗舰技术中心的承诺,他还把公司总部也搬到了多伦多。在发布这一消息一年后,该公司已经聘请了 200 多名技术人员和数据科学家,并宣布投资超过 1 亿美元为该中心建立永久设施。2018 年初,由于成功扭转了金融与风险业务的局面,史密斯以 170 亿美元的价格将其 55% 的股份出售给了黑石集团,使汤森路透拥有更大的财务灵活性,可以在未来进一步转型。

在史密斯担任首席执行官的 6 年里,汤森路透已经变成了一家截然不同的公司,正如史密斯所说,该公司现在专注于商业和监管的交汇点。因此,汤森路透致力于帮助各种规模的企业——从个体从业者到全球性企业——为他们最紧迫的问题找到答案。一路走来,该公司变得更加专注、盈利能力更强、增长更快,并登上了最受尊敬和最令人向往的公司名单。虽然没有一家公司的未来是有保证的，但汤森路透的未来似乎比以往任何时候都更有希望。

平衡现在和未来

领导者面临的最大挑战之一是保持核心业务或部门的持续运营，同时展望未来，避免未来的威胁并为未来的增长创造机会。虽然专注于其中一个更容易，但作为一个领导者，你必须两者兼顾，即使你只是中层管理者，主要负责产生营收或其他近期运营结果。无论你的角色是什么，如果你把所有的注意力都放在日常核心工作上，你就会陷入细节之中，错过长远的挑战和机遇。但如果你有太多不切实际的想法，并对其进行重大投资，你就会完不成下个季度的业绩或忽视关键客户，威胁到你所在部门的成功和长远发展，以及你自己的职业生涯。实现这种平衡一方面是为你腾出时间专注于创新的后勤问题，另一方面是如何在整个组织中平衡当前和未来的工作的概念问题。

创造带宽，专注未来

把你的时间从完全沉浸在日常活动中解放出来，是为未来做好准备的关键。一个领导者很容易把注意力集中在当前的挑战和问题上，以致没有时间去考虑下一个季度的发展，更不用说下一个十年的发展了——想想史蒂芬·柯维的格言："紧急的事情会赶走重要的事情。"这是领导者容易陷入的最大陷阱之一，它会降低他们创建可持续企业的能力，因为如果未来都已来到，这时候你关注它就已经太迟了。因此，虽然我们在第四章"取得成果"练习中所描述的所有步骤都是至关重要的，但以牺牲处理未来问题的时间为代价来做这些事情，是会适得其反的。

例如，吉姆·史密斯改变了汤森路透的运营节奏，为自己腾出更多时间来思考、规划和与客户沟通，这种转变在任何规模的公司都是必要的。数字媒体初创公司 Outbrain 的创始人兼首席执行官亚伦·盖莱也做了同样的事情,当时他的公司达到了一个重要的增长门槛,他意识到他不再有足够的时间同时专注于管理当前的业务和规划下一个篇章。因此,他引入了一位曾在董事会任职的经验丰富的运营领导者担任联席执行官,使得他能够专注于公司的未来。

寻找带宽不仅关乎组织节奏,也关乎个人纪律。这种纪律对于每个级别的优秀领导人来说都是必要的:例如,美国道富银行的高级副总裁简·柯克兰就坚持不懈地安排着自己的时间,以确保她不会被日常活动淹没:"我习惯按照定期保留的待办清单工作,但我会根据不同的时间范围对它们进行分类,并与我负责不同任务的人保持一致。"

我们经常看到领导者谦卑地承认他们不能做到所有的事情,仿佛这是他们领导力上的一个污点。其实我们更希望合作的领导人认识到,这正是强大领导力的标志:知道如何分配任务、角色和所有权给其他人,从而为组织整体创造最高水平的绩效。

采用投资组合方法进行创新

当你让你的单位或团队同时关注当前的业务成果和未来的创新时,紧张和权衡是不可避免的。随着创新机会的出现,你会在何时以及多大程度上开始倾向于它们而不是现有业务?如果某些核心业务计划趋于平缓,在什么时间节点缩减投资?如果某些实验暂未成功,那你是放弃它们,还是加倍投入?还有,你如何防止新的未来业务蚕食你今天的确保企业继续前进所需要的业务?这些问题是哈佛商学院教授克莱顿·克里斯坦森在其同名著作中强调的"创新者的困境"的本质——创新的成功会威胁到现有业务,并可能导致扼杀创新的权衡取舍。

要处理这种紧张关系,可以考虑一下金融投资组合管理模型:不要把你所有的钱都放在一个地方,而是分散开来,创建一个由不同类型的投资组成的多样化投资组合——股票、债券、小盘股、大盘股、国内投资、国际投资等。然后通过动态调整投资组合和数量来管理投资组合中的风险和回报,因为它们不太可能同时上升或下降到相同的程度。

我们也可以把这个概念应用到创新中。塔克商学院教授维贾伊·戈文达拉扬和克里斯·特林布尔在《哈佛商业评论》的文章"CEO 在商业模式重塑中的作用"中描述了他们的"三个盒子"解决方案。他们认为，领导者需要随时重新平衡他们的投资，比如在当前业务中哪些应该"保留和改善"，哪些因为业绩不佳或几乎没有上升空间应该"摧毁"，以及哪些应该"为未来而创造"。他们的研究表明，大多数领导者明显将注意力和投资放在了"保留"上，而没有在应该"摧毁"和"为未来而创造"的东西上投入足够的思考和资源。

投资组合的理念不仅仅是简单地平衡高风险的长期项目和低风险的短期增长。即使是在更具创新性的项目中，谷歌、财捷集团、3M、宝洁和苹果等公司也不会把所有的鸡蛋放在一个篮子里。相反，他们创建创新项目组合，包括一些核心计划，以及不同类型、技术和市场的创新。然后，这些公司通过分配不同的资源来积极管理这些投资组合，定期取消一些项目，同时加倍投资其他项目。许多公司在创新方面挣扎的原因之一是，他们没有以足够严格的纪律来管理项目组合，允许业绩不佳的项目继续下去，而使那些更有潜力的项目被搁置。

你可以沿着许多不同的轴线来组织你的创新组合，有种方法是包含不同时间框架的项目。正如罗伯特·谢弗和罗恩·阿什肯纳斯在他们的《快速结果：百日项目如何构建大规模变革的能力》一书中所描述的那样，黏合剂制造商艾利丹尼森使用了麦肯锡开发的一个框架，该框架按时间范围划分项目：第一阶段的项目是短期（不到 2 年）创新项目，将使用现有的专有技术。第二阶段的项目是中期（2~5 年）创新项目，需要对现有技术进行改进。第三阶段的项目是更长期（超过 5 年）的突破项目，需要重大的新研发。（你可以在网上找到很多图例。）以这种方式规划项目让时任首席执行官菲利普·尼尔和时任总裁迪恩·斯卡伯勒意识到，公司的投资过于偏重长期项目，这些项目在许多年内都不会产生回报（即使它们是成功的）。为了降低风险，尼尔和斯卡伯勒将更多的注意力转移到可以在短期内获得回报的项目上，并为长期和更具投机性的项目提供资金基础。

另一种衡量创新项目的方法是按重点领域划分。例如，汤森路透根据其创新项目是否会影响运营、客户体验或产品供应来对其进行分类。在每一个方面，它还会查看项目距离当前核心项目的距离，这是评估时间框架和创新潜在回报的另一种方式。该公司负责创新的高级副总裁凯瑟琳·曼努埃尔随后制定出现有的创新项目，并与公司领导团队定期审查这些项目，以便他们决定如何平衡投资和期望。正如她所指出的："重要的是要有一个正在运行的实验组合，影响着所有类型的创新和公司的全部领域。"

教师保险及年金协会（Teachers Insurance and Annuity Association，TIAA）是为学术、研究、医疗、文化和政府领域提供金融服务的领先提供商，首席执行官小罗杰·弗格森在构建投资组合时考虑了需要持续发展的业务部分。例如，他经常提到保持公司完整使命的重要性："我们成立的目的是确保教师能够有尊严地退休。提供有保障的退休机制仍然是我们的目标，但现在我们在非营利部门为数百万人服务、为社会服务，我们努力为大家在人生的各个阶段提供财务福利。"与此同时，弗格森还强调，新的 TIAA 必须更加简单，以继续满足客户的需求，因此它必须放弃旧的思维方式。其中的一部分是决定将公司的旧名改为更短的新名——TIAA，该公司的旧名是教师保险及年金协会-大学退休权益基金（Teachers Insurance and Annuity Association-College Retirement Equities Fund，TIAA-CREF），此举借鉴了戈文达拉扬讲述的第一个盒子——保留和改进。为了简化流程，TIAA 重新审视了现有流程——在一个案例中，它能够将 15 天的流程缩短到 2 天半。这对客户的价值是显而易见的：这一改变减少了成千上万的客户电话（就像戈文达拉扬讲述的第二个盒子——放弃现在的那些妨碍未来的东西）。为了配合新的身份，弗格森还加快了公司非退休业务的增长。为了实现这一目标，弗格森委托了多个战略发展团队来解决新机遇、开发新产品，最近促成了对 EverBank 的收购，这将使 TIAA 能够以全面的方式满足未来几代客户的金融需求（就像戈文达拉扬讲述的第三个盒子——创造）。把所有这些因素结合起来再加上投资组合的模式，对弗格森的成功至关重要。

因此，定期评估你的项目组合，是拥抱未来和创建一个可持续发展的企业的关键步骤。

为未来做好准备

除了挤出时间关注未来，你还必须在其他方面做好准备。为了创新，你需要有关挑战和机遇的资源和信息来指导你想出主意并付诸实践——你可以把这些作为你单位或团队日常工作的一部分来发展。

建立当期盈余以资助未来

要想投资未来，先要从当前的业务中产生利润。我们在汤森路透的案例中看到了这一点：史密斯在任职之初通过简化业务来降低成本，并专注于金融与风险业务的扭亏。换句话说，加强你的执行力并提高现有业务的利润率是一个很好的开始。史丹利百得公司首席执行官约翰·朗格伦就是这么做的，他在多年增长计划开始时筹集资金收购了其他几家公司。无论你的企业规模有多大（无论你经营的是一家小型企业，还是一家大公司的一个部门），高效运营都可以为未来的增长和投资提供资金。但是，我们也可以看看其他两种为长期投资创造盈余的方法：开发产品和市场拓展（关联性市场），从当前业务中获得更多收入，以及出售或停止业绩较差的业务领域。

通过关联性市场进行增量创新

基于现有产品的增量创新是获得投资现金的一种常见且通常风险较低的方式。如图 5-1 所示的产品和市场矩阵。有了这个框架，你可以要求你的业务领导者（甚至是团队成员）确定你可能引入新市场的现有产品或服务，以及将从你现有产品的拓展或变化中受益的现有市场。增量创新的这些类别（矩阵上的两个阴影区域）被称为关联性市场。在 TIAA，向新的专业客户群体（如医院工作人员）销售现有产品是在开拓关联性市场，而为现有高等教育客户提供多样化的投资和退休选择是一个拓展产品的例子。在汤森路透,一个主要的开拓关联性市场的机会是将现有产品销售到世界各地的新地理市场,因此它创建了一个全球增长组织,并以此为具体目标。

	现有产品和服务	新产品和服务
新的市场	向新的市场和客户销售现有产品	从事突破性创新,为新的市场和客户开发新产品和服务
现有市场	增加当前业务的市场份额和销量	向现有市场和客户销售拓展和变化的产品

图 5-1　促进增长的关联性市场机会

剥离

另一种腾出现金和资源投资于未来机会的方法是,出售或关闭目前不能创造巨大回报且可能不属于未来业务的产品、部门或部分业务。

这样做的困难之处不在于确定哪些领域可以被砍掉,而在于把你和其他人在某个领域的情感投资放在一边,这个领域曾经对企业很重要(或者它曾经是开创性突破,当然,这又是创新者困境的问题)。但当时机到来时,做出突破是至关重要的,这是一种释放资金和其他资源以及你自己注意力的方式。

例如,当萨蒂亚·纳德拉在 2015 年成为微软首席执行官时,他卖掉了该公司对诺基亚手机部门的失败收购业务,意识到它无法在智能手机领域赶上苹果或谷歌。出售股票所得的资金有助于支持纳德拉的未来发展战略,即推动微软进入更多应用程序和服务领域,并成为云计算领域更主要的参与者。类似地,史密斯在汤森路透出售了医疗保健业务,后来又出售了规模更大的知识产权和科学业务,因为它们不再是企业增长战略的核心。他还出售了金融与风险业务的大量股份,作为进一步为未来积累资本的途径。

审视四周,寻找突破性创新

当你产生利润时,你也必须根据四周的潜在机会和威胁,不断考虑如何投资。你在制定愿景和战略方面的工作应该让你对此有所了解,但即使抛开这些具体的实践,你对企业大局的理解也可以帮助你确定特定的创新领域。虽然有些区域可能位于图 5-1 所示的关联性市场机会中,但其他区域可能位于图 5-2 所示的右上角,即所谓的突破性创新。现在我们一起来考虑一下这个问题。

	现有产品和服务	新产品和服务
新的市场	向新的市场和客户销售现有产品	从事突破性创新,为新的市场和客户开发新产品和服务
现有市场	增加当前业务的市场份额和销量	向现有市场和客户销售拓展和变化的产品

图 5-2 突破性的增长机会

所谓的突破性创新是指向未来迈出更大的一步(通常风险回报也更大)。作为一名领导者,你必须扩大自己对新的、更有雄心的可能性的认识。为此,你可以通过观察外部的新技术、新兴的社会或经济模式,或者你可以接受的其他行业的前沿思想来做到这一点。在你的调查中要大胆而有创意:从与客户、合作伙伴和行业专家接触开始,了解他们正在看的或正在为他们的业务开发什么。例如，雪佛龙汽车首席执行官迈克·沃斯会定期与经济学家和其他专家会面，以了解石油价格的长期前景以及可再生能源技术的最新进展。他还密切关注更具投机性的想法，例如拼车和电动汽车的兴起将如何改变能源零售。大黄蜂海产品公司首席执行官克里斯·利舍夫斯基参加了一个未来主义大学项目，以更好地了解年轻消费者中更广泛的社会和经济趋势如何为海产品营销开辟未来的机会。

根据你所在领域的不同，审视也可以包括阅读专业研究、与你所在领域的有影响力的人交谈，或者对那些愿意分享最新技术如何改变其业务的有远见的公司（当然，最好不是竞争对手）进行基准考察。比如，汽车公司与大学研究人员和自动化提供商会面，以获得关于自动驾驶和替代交通技术的想法。其他公司也纷纷前往谷歌、脸书和亚马逊，了解机器人、人工智能和虚拟现实的趋势，探寻这些发展对他们下一代产品的影响。另外，许多公司也在投资挖掘公众和消费者信息的大数据，以分析客户行为的趋势和机会。

虽然大部分工作都需要你向外看，但也不要忽视自己的后院。与你所在单位或组织的人交谈——尤其是那些在第一线的人——将帮助你发现关于市场走向的微弱和不那么微弱的信号。你最好的销售人员会意识到客户口味的变化和竞争对手的创新，而你的工程师或产品人员往往与其他有洞察力的行业从业者有着密切的关系。领导创新意味着既要指导员工工作，也要重视倾听员工的意见。

识别可能的机遇是令人兴奋的，但你也需要对挑战保持清醒的头脑。例如，安妮·马尔卡希在施乐公司领导的转型，在一定程度上得益于她个人对竞争对手如何以更高的价值主张超越该公司产品和服务的理解，这种理解是她在从事销售工作时得出的。葆拉·科戈尔为儿童节目制定了多平台战略，部分原因是，她意识到数字教育内容现在正在蚕食广播收视率和PBS的传统业务模式。在TIAA，当弗格森分析了公司的长期支付能力，并意识到婴儿潮一代的退休可能会影响公司的长期财务实力时，业务模式的挑战成为他关注的焦点。

作为一个领导者，你和你的团队永远不能自满。通过将这种审视纳入你的日常工作中，你将使你的团队或单位能够立即利用机会并避免受到威胁。

塑造未来

一旦你有了相应的资源,你该如何处理你在运营环境中发现的机会和威胁呢?

创新不应该只是一时的头脑风暴和随机的尝试练习,而是一种有意识的尝试,让公司朝着一种全新的价值主张和与客户的关系发展,同时也在这一过程中磨砺和学习更多关于价值主张的东西。

在汤森路透,新的催化剂基金鼓励经理们通过渐进的步骤和不断向客户学习来追求系统的、有纪律的有机创新。为了获得资金,团队填写了一份简单的申请表,描述了想法、潜在的回报、实现它需要什么,以及初始资金将如何使用。申请表首先由创新冠军筛选,然后是催化剂基金小组(类似于企业的智库)——由史密斯和儿名高管团队成员组成。该委员会每月召开一次会议,以决定是否同意这些新的申请,同时也要查看之前投资项目的产出情况。

一旦创新领导者开始在自己的业务和职能部门获得动力,而老板们明白创新现在是他们工作的一部分,创意和创新机会就开始从组织的各个角落涌现出来。例如,金融与风险业务经理亚当·奎诺内斯使用催化剂基金流程提出并开发了一款应用程序,为商业房地产行业提供了与抵押贷款相关的文档和数据验证、风险和流动性评估以及客户数据和文档存储。在建立了原型之后,奎诺内斯组织了一个论坛,让潜在客户来测试产品。基于客户的热情反馈,奎诺内斯得以改进产品并开始销售,为客户创造了真正的价值,并为公司带来了巨大的收入来源。

每个团队和公司的情况都是不同的,将创新想法转化为突破性增长引擎没有一个放之四海而皆准的方法,你需要开发属于自己的流程。但是,有三种思考创新的方式应该能为你提供参考:在颠覆性创新上抢先一步,利用精益创业的方法,以及接受失败并从中学习提升。

颠覆性创新

哈佛商学院教授克莱顿·克里斯坦森首先创造了这个词——颠覆性创新。正如他所描述的,颠覆性创新是这样一个过程:一个规模较小的竞争对手悄悄开发出一种新的商业模式,并在此过程中突然改变整个行业及其知名企业的竞争动态。其中的经典案例便是网飞视频租赁业的转型,该公司通过在线租赁将 DVD 直接送到客户手中,无需到期日、滞期费,也无需高昂的租房成本,从而削弱了百视达的业务。随后,网飞通过提供收费的点播内容,颠覆了电影和广播电视行业。

相比之下,克里斯坦森将"持续创新"定义为持续不断的实验,以改进和完善现有的商业模式。虽然持续创新可以带来可观的增量增长,但掌握颠覆性创新意味着现有公司对意外威胁做好了更充分的准备,并能更好地随着技术并围绕它们的新思想的发展进行转型。掌握颠覆性创新也可以帮助初创企业进入成熟市场。

作为一家成熟公司的领导者,你需要意识到,不寻常的、不常见的竞争对手随时都可能扰乱你的业务。如果你是一家初创公司,并能找到正确的商业模式,你就可以成为那些颠覆者之一。特别是由于数字基础设施的有利方面,你通常不需要大量资金就能进入成熟市场,而且可以找到办法从边际利润中获得客户。例如,随着越来越多的免费信息变得"足够好",汤森路透利用其创新机制来识别特定的市场需求,这些需求可以通过直接获得或通过与初创公司合作获得的专业数据切片来满足。

如果你经营着一家成熟的公司或部门,防止自己的商业模式被颠覆的一种方法是自己想出颠覆性的想法。在《哈佛商业评论》的一篇文章"应对颠覆性变革的挑战"中,克里斯坦森和迈克尔·奥弗多夫解释说,做到这一点通常很困难,因为你的资源、流程以及关于优先级和投资的决定都是针对现有业务的,不会容纳或支持不符合当前框架的想法。为了克服这一点,避免颠覆性的想法被拒绝,你可以建立一个专门的资源团队,从现有的业务流程和压力中分离出来，专注于新的想法。例如，几年前，我们合作的一家大型制药公司成立了一个小型的全职团队，由一名高管领导，探索全行业数据分析业务的发展，可以从临床试验数据、处方销售、临床测试和基因组图谱中挖掘有关药物开发的可操作见解。尽管团队没能把这个想法变成一项独立运作的业务，但它开发的许多工具和方法都被纳入了核心业务。这种方法的另一个例子是 AIG 的一个名为黑板保险的子公司，由塞莱娜·玛西亚（我们在第四章中讲过她，当时她是 XL 保险公司北美财产和意外伤害险业务公司的首席执行官）运营。黑板保险是一个独立于 AIG 主流部门的专门团队，专注于通过将人工智能和数据算法融入流程来颠覆保险承销。

如果一个颠覆性的想法确实从一个专门的团队中产生，并且如果当前的业务范围已经限制了它的进一步发展，那你完全可以创建一个独立的实体来把它推向市场。一个经典的例子是 IBM 在 20 世纪 80 年代发展其个人电脑业务（2005 年出售给联想）的方式，即在一个独立的地点建立一个拥有自己资源的"秘密工厂"部门，不受制于销售大型计算机的母公司的限制和规则。这种自由让 IBM 团队可以做任何成功所需的事情，比如以不同的方式招聘人员和给予报酬、以新的方式采购零件、创建新的合作伙伴关系，以及建立单独的销售渠道。另一个例子是通用电气的前首席执行官杰夫·伊梅尔特为软件业务制定的架构，专注于物联网，他将其创建为一个远离核心业务的半独立实体，再次创造了一种更适合高科技创新的文化，而不是公司的标准化工业生产。

除了建立新的、更独立的实体之外，你还可以分拆部分业务，作为一种将传统核心（具有持续性创新）与更有可能创造颠覆性的革命领域分开的方式。最近的一个例子是惠普（Hewlett-Packard）分拆为惠普公司（HP Inc.）和惠普企业（HP Enterprise）。惠普公司专注于利润率较低的核心打印机业务，并在逐步创新。另一方面，惠普企业则致力于通过开发新的技术平台和计算方法，为大型企业和政府客户创造价值。通过分拆为两家公司，每一家公司都可以开发出更适合所需创新类型的流程和优先级规则。（两年后，惠普企业部门在这一战略上加倍下注，再次将原来部门中利润率较低的 IT 服务剥离出来。）

即使你没有经历过完整的、颠覆自己组织的过程，参与一个假设性的思考练习也是有用的。例如，2001 年，杰克·韦尔奇向通用电气的所有业务发出了"摧毁你的业务"的挑战。这位标志性的首席执行官所面临的挑战是，每个业务无论大小都要积极考虑一个始料未及的竞争对手（也许是一个处于襁褓期的初创企业）如何与通用电气的各个老牌业务竞争并取得胜利。这让通用电气的许多高管和领导者大开眼界，他们曾经沾沾自喜地认为，他们的业务面临的唯一威胁来自大型竞争对手。因此，他们中的许多人开始自己尝试颠覆性的想法——例如，使用远程传感器进行客户服务，或引进自助销售机制。

企业风险投资和合作关系

对付潜在的颠覆性竞争对手，还有另一种方法就是"打不过就加入"（也可以让他们加入你）。例如，许多大公司都有风险投资或收购团队，积极寻找初创公司、开拓性的科技企业家和大学合作伙伴，然后在他们发展创新和商业模式的过程中投资、收购或与他们合作。我们在本章前面介绍了汤森路透是如何建立这种合作关系的。

为了让企业的风险投资或收购工作成为未来的增长源，领导者需要指导每一项投资，使其优先考虑情报收集和学习，而不是立时的经济回报，尽管经济回报也可能随着时间的推移而增加。例如，耐克公司成立了一个风险投资小组，专门寻找新技术、初创公司或小公司，这些公司正在开拓可持续（即环保）制造的新方法。当它发现一家有吸引力的公司时，它会进行少量的股权投资，从而获得董事会（或顾问团）的席位，并了解该公司的技术。一旦技术成熟，值得纳入耐克的制造方法，它要么与该公司达成授权或合作协议，要么直接收购。你可能没有能力创建一个企业风险投资集团或进行收购举动，但你也要不断寻找可能对你的业务产生影响的初创公司和新技术。如果你正在领导一家初创公司，你也可以找到可能值得接触的企业风险投资或收购集团。

精益创新

对于建立一个可持续发展的企业来说，第二种创新方法是史蒂夫·布兰克在《哈佛商业评论》文章"为什么精益创业改变一切"中描述的"精益创业"模式，我们在讨论战略时曾首次提到这篇文章。克里斯坦森的方法侧重于颠覆性的外部威胁，而精益方法则侧重于推进、改变或放弃创新想法的过程。这是一种针对新功能、产品、初创企业或单位进行系统测试和开发新业务模式的方法。它可能是制定新战略的一部分，也可能只是探索和提炼潜在创新的来源，或者两者兼而有之。

这种方法的核心是在真实客户身上进行快速实验。布兰克指出，为新企业制定详细的理论商业计划往往纯属浪费时间，因为这些计划里许多关于客户行为和需求的假设，通常都是未经检验的，甚至是错误的。所以你最好花点时间严格而快速地测试这些假设。要做到这一点，就要与潜在客户进行实际交谈——在创建新产品或企业的整个过程中，要与数十个潜在客户进行交谈。与这些客户深入交流后，你的员工可以更好地确认创意，再考虑如何将其重构，或者直接放弃。这意味着出色有趣的创新想法，甚至是性感的新技术，最终不会造成时间和资源的浪费，而是可以"快速出局"。这也意味着当你在"确认原则"的指导下创办新企业时，成功的概率要高得多，因为你在创办之前会先确认必要信息。我们在汤森路透的抵押贷款服务创新应用中，以及在 PBS 儿童教育电视频道的开发中对数字和广播相结合方法的探索中看到了这种方法（曾在第二章中讨论过）。

团队和组织的领导者通常是最具外部视角的人，但精益方法论要求过程中的每个人都与潜在客户建立联系，并了解他们对产品的理解。坐在一起为每个人的创新想法喝彩，或者大家投票决定哪些想法是最有希望的，这很容易。然而，真正的创新和持续的价值只来自那些愿意购买你的产品或使用你的服务的客户，而让他们提前参与进来，意味着你知道自己正在构建他们感兴趣的东西。

例如，作为通过创新创造可持续增长的一部分，艾利丹尼森公司推出了几个创新团队作为试点。每个团队都有一个在公司内部形成的创意，然后去找潜在的客户，并在交互过程中对创意进行重塑、改进，使其更加可行。每个团队面临的挑战是在 100 天内取得初步销售业绩，而要做到这一点，他们必须找到真正能够买单的客户。例如，一个团队通过与潜在客户交谈，然后与一家大型家装公司合作，将一种用于加热、通风和空调应用的铝箔产品重新改配为一种胶布。这样一来，它在规定的 100 天内就有了第一笔销售业绩，然后从那开始拓展产品。基于这个项目和其他试点项目，艾利丹尼森公司最终启动了数十个团队，涉及数百人，并创造了数百万美元的新收入——这是一条塑造未来的切实途径。

鼓励可控的失败

无论你的创新方法如何，你和你的组织都必须乐意从失败中学习，因为失败是学习的必要组成部分。如果企业有时不去尝试那些有风险、失败概率高于正常水平的事情，他们就永远无法创造出新的价值形式。然而，大多数组织（事实上也包括大多数人）都习惯于避免承担风险，因为他们不想失败或遭受公众羞辱。一方面，我们从小就被教导失败是件不光彩的事；另一方面，这多少也会对职业生涯或财务状况产生影响。但是在进行创新的过程中，你必须面对这样的风险，你得允许失败以可控的方式发生，并利用这些失败教给你的东西完善创新。

打个比方，汤森路透的创新冠军之一鲍勃·舒凯是谷歌眼镜（一种在镜片上显示免提信息的设备）的早期测试者。舒凯和他的团队开发了一款应用程序，可以让执法人员在交通检查站快速获取眼镜上的信息。当谷歌停止眼镜项目时，该应用程序也随之消亡。但它的发展帮助汤森路透更好地了解了公共部门的信息需求、熟悉公共数据库，并解决隐私和安全问题，这些信息还可以用于其他各种项目。正如创新负责人曼努埃尔所反映的那样："谷歌眼镜项目可能没有为我们带来数百万美元的收入，但它向我们所有的员工传递了一个强有力的信息，那就是创新仍在继续。"

为了鼓励以可控的方式体验失败，寻找机会对上述举措进行精益测试，使其中的概念和假设被逐步验证，从而使创新风险更小。在第四章描述的成果实践中，我们也看到了这一点，塞莱娜·玛西亚领导的快速成果团队达到了她设定的高目标。其他的实验在"彩绘门"测试中可以更加简单，例如，公司在实际生产产品之前，会在网上做广告，以观测客户的意向度。感兴趣的用户点击图片后会收到信息，访问他们的电子邮件，这样他们就可以在产品准备上市或想要参与进一步的产品测试时得到通知。但如果广告的点击率很低，那么公司就不会进一步投资，既能节省时间和金钱，又能通过这个产品的失败为测试下一个新产品迅速腾出空间。财捷集团就经常使用这种方法来快速了解新产品或新功能是否会吸引客户。

另一种鼓励从冒险、失败中学习的方法是为开发新业务、产品或服务设立一个单独的部门，类似于我们讨论的颠覆性创新的一部分。在《哈佛商业评论》的文章"有计划的机会主义"中，维贾伊·戈文达拉扬强调这种"新公司"采用了一套不同的衡量标准和预期，因此它可以更自由地运营，不必达到通常适用的目标，也不必达到"核心公司"中可能抑制冒险的目标。他描述了IBM对"新兴业务机会"部门的使用，该部门可以测试雏形期的业务想法，而不需要资本回报、实现收入等通常的要求。这并不意味着该部门的团队没有目标，而是这些目标更适合于一个新生的想法，而不是一项成熟的业务。你也可以在公司内部设立一个孵化器来实现这个功能。

如何从失败中学习

鼓励失败的过程是一回事，从中学习又是另一回事。在《哈佛商业评论》的文章"提高你的失败回报率"中，朱利安·伯金肖和马丁·哈斯提议通过三个步骤来确保你从错误中成长：从每一次失败中学习、分享经验教训、找出模式。行动后审查机制（After-Action Review，AAR）过程最初在军队中发展，是一种以结构化和系统性的方式来做这件事的方法。玛丽莲·达林、查尔斯·帕里和约瑟夫·摩尔在《哈佛商业评论》的文章"在最艰难的时刻学习"中解释说，AAR由一系列会议和讨论组成，参与者可以在项目或创新团队中评估哪些可行、哪些无效、使用了哪些假设，以及应该采取哪些不同的措施来改进当前项目或下一个项目。会议的结果不仅仅是一份报告，而且还提供了与未来行动有关的具体经验教训，并为落实这些经验教训规定了明确的问责制。

比方说许多年前，我们中的一个人与强生的业务发展主管合作，评估他们整合收购的过程，这是增长和创新的关键战略。在采访了几家被纳入强生的公司的经理后（他们都取得了不同程度的成功），我们总结了一些教训：比如每次收购都需要一个全职的整合经理，以及公司职能部门限制他们对新收购的要求数量。首席执行官和他的领导团队讨论了这些经验教训，然后将其应用到下一次大型收购中。基于那次并购的事后经验，强生对这些经验进行了进一步的调整，从而使强生在整合收购方面变得越来越熟练。

塑造面向未来的企业文化

在你的单位或团队中，建立创新的过程和构架是一方面，但如果你不塑造与之匹配的文化，这个过程就永远没法成功建立。在一种创新文化中，你的员工（你也鼓励着他们）求知欲强、乐于改变、有潜力，并且处事灵活。这意味着他们得积极地学习新的工作方式（并从失败中总结经验），将以未来为导向，从长远考虑，也意味着他们懂得欣赏创新，并且有能力创新。

这些品质对于创新是必不可少的，因为它们使组织中的管理人员和员工都能够拥抱未来，而不是抵制未来。但同时，还有一个额外的好处：当你不再领导那个组织，不能亲自带领它走向未来时，会发生什么？建立一种以持续创新为中心的文化，意味着在你离开后很长一段时间内，该组织仍能保持锐意进取的精神，并获得成功。在你之后的领导者将继承组织的这项能力和坚实基础，并在此基础上继续建设、发展组织。麦肯锡的多米尼克·巴顿等人的研究表明，当领导者将这种长期思维纳入公司的经营方式中时，就会在长期内创造更大的财务回报、市值和就业机会，而且不是一点点，而是很多（参见巴顿等人的《哈佛商业评论》文章"数据：长线投资的回报"）。

正如我们在第三章中所看到的，改变组织文化并不容易，它取决于是否建立了正确的领导团队；在整个组织中是否有效促进了正确的团队互动、给予严格的反馈；以及是否能够促进员工的学习和发展，并创建正确的激励机制。现在，让我们从创新的角度来研究这一点。

培养学习能力

对于任何致力于创新的组织来说，快速学习的能力都是至关重要的。你可以直接雇用具备这种能力的人，但同时也必须培养你现有的人才去发展该能力，并建立适当的结构和机制来培养整个团队的快速学习能力。

作为汤森路透转型的一部分，史密斯和他的人力资源团队强调招聘具有技术、创业和解决问题能力的员工，并花额外的时间指导他们在即将到来的转型中取得成功。但他和他的高管们也指导了公司中其他崭露头角的领导者，他们表现出了帮助重塑公司的兴趣和能力，比如创新冠军和企业创新团队。史密斯确保那些在创新方面表现出兴趣和技能的个人在整个转型过程中都参与了研讨会、黑客马拉松和相关项目，并有意地在整个组织的不同计划中指点他们。同时，公司的领导力学习也与新兴的未来方向保持一致。随着转型的推进，史密斯还确保了人力资源和绩效管理系统得到更新，并与业务的变化保持一致。他在多伦多创建的技术中心可以让从事共同课题（如人工智能等）的工程师和开发人员在同一地点工作，这是史密斯和他的团队加强学习能力的另一种方式。

波音公司（该公司于1916年开始运营）为我们提供了另一个如何塑造创新文化的例子。在吉姆·麦克纳尼于2015年作为波音公司首席执行官退休之前，公司要想持续取得成功，就必须让员工和合作伙伴以全新的方式解决问题和开发产品。麦克纳尼与他的继任者丹尼斯·穆伦伯格合作，确定了波音公司在第二个世纪竞争和获胜所需的内部能力。丹尼斯于2013年担任波音公司的总裁，2015年担任首席执行官，2016年担任董事会主席。

为了培养这种新能力，高级业务领导帕特·多兰被任命与业务部门和人力资源部门合作，教经理和工程师如何区分增量变化和步骤功能变化，以及如何更有效地处理后者。多兰向我们解释说，对于增量变化，该公司有大量的相关专家可以开发解决方案。但对于以前没有遇到过的挑战，由于没有详细的执行计划,他们还真不一定知道如何应对。"相反,"多兰说,"我们需要让员工尽快学习,这样他们才能成功。关键不在于快速执行,而在于快速学习。"

为了提高组织的学习能力,多兰和他的同事召集了波音公司的员工团队,举行了为期几天的研讨会,以解决需要进行重大变革的真实而棘手的问题。每次会议的结果都是一个"学习计划",而不是一个具体的他们需要做什么的计划。多兰解释说:"我们把注意力保持在一个较高的水平上,这样员工就不会过早迷失在细节中。员工必须先找出他们要走的路,而不是将注意力过早地锁定在杂乱的眼前事务中。"一旦他们有了这个学习计划,团队就被要求回到他们的业务中,与其他职能部门、供应商和合作伙伴合作,并在解决问题方面取得实际进展。几个月后,他们又回来参加另一个研讨会,反思他们所取得的成就和学到的东西,以及他们是如何以不同的方式来处理问题的。

多兰认为,这个过程至少代表了培养新能力和加强公司文化的 4 年之旅。毕竟,之前的公司文化是用了 100 年才创造出来的。几年后,多兰和他的团队已经举办了大约 40 个这样的研讨会,平均每个研讨会有 50 人参加,并得到了公司高层领导的大力支持。因此,近 2000 名关键管理者和工程师已经开始学习如何以不同的方式和更灵活的方式解决问题,这些技能有助于波音公司发展和激励员工,更快地进行创新,并进一步发展业务。

激励创新

为了让创新的理念扎根并成为企业文化的一部分,你的团队或组织中的员工必须意识到你会奖励或认可他们对新思想的追求和发展,而不是解雇或惩罚他们。要形成这一意识,比看起来要难得多。对于大多数持续经营的企业,无论规模是大是小,营利性还是非营利性,激励都不可避免地倾向于维护、服务和增长当前业务。毕竟,当有工作要做的时候,你不希望员工坐在椅子上做白日梦或在纸上胡写乱画。一些公司(如 3M 和谷歌)以鼓励员工花一些时间在投机性和创新性的项目上而闻名,但这些公司毕竟是少数。大多数公司将员工的注意力集中在今天需要完成的事情上,而将未来的创新留给研发团队或少数高管。

作为 TIAA 转型的一部分，弗格森知道创新必须来自公司的许多部门，而不仅仅是他一个人。为了鼓励员工更广泛地探索新业务，他建立了由不同职能部门的员工组成的增长团队，并给他们分配明确的目标，以追求和开发新想法。弗格森还积极提拔那些表现出创新精神的人，他还特别强调要消除那些阻碍新想法的潜在程序和流程障碍。与此同时，弗格森也经常就公司的转型进行沟通，并公开表彰那些在 TIAA 重塑过程中处于前沿的人。

汤森路透的催化剂基金是另一种激励机制的典范，它不仅仅是承诺的种子资金。各级员工的动力不仅来自金钱，还来自改善业务本身的承诺。事实上，关于最初获奖者和整个过程的内部宣传，引发了后来源源不断的创新申请。

在四年的时间里，有近 100 个创意得到了资助，其中许多已经投入市场，并为整个基金带来了可观的投资回报。此外，汤森路透的许多创新举措有助于使有机创新成为企业文化的一部分。在一位执行赞助商和一位全职创新领导者的推动下，这些举措包括：

- 建立创新指标，如在创新的每个阶段的创意数量，按级别和地点划分的员工总体参与水平，以及关于员工对自己的创新能力和努力获得认可的感觉的调查结果。
- 在每个行业任命"创新冠军"。每个业务和公司职能部门都指定了一名高潜力的资深经理来帮助实施计划和流程，以实现新的目标和指标。此外，"创新冠军"也成了汤森路透的一个通用术语，他们建立了一个在线网络，其中提供了员工可以用来自学创新概念和实践的资源。
- 通过博客、文章和视频采访内部创新者和其他员工对创新的看法来组织沟通活动。
- 组织企业创新研讨会，与来自企业各个部门的代表一起，以确定和规划将推动新产品或现有产品或跨公司平台的流程解决方案的工作。
- 推出类似于催化剂基金的"运营创新基金"，鼓励运营中心进行更具创意的后端软件开发。

- 建立"创新挑战",将困扰业务领域或客户群体的解决方案进行众包。
- 支持创新实验室网络,该网络位于技术部门内部,但在整个公司内部都可利用,以考虑新兴技术和可能的艺术成果,为未来构建解决方案。

所有这些步骤都由一个高级创新指导委员会指导,最初是作为一种实验,专注于学习、调整和弄清楚什么会长期有效,然后进行迭代改进。例如,随着创新定义的发展,创新的衡量标准也得到了完善,最初几位创新冠军的经验有助于明确选择其他创新冠军的标准。此外,所有这些步骤都在尽可能透明的情况下进行,这样汤森路透的所有员工不仅知道当下正在发生什么,而且他们自己也可以在这一过程中做出贡献。在描述汤森路透的目标时,凯瑟琳·曼努埃尔反思道:"我们所做的大部分工作是让思想和快速实验民主化,并交流成功和失败的经验。我们的目标是为员工创造尽可能多的参与机会,无论他们处于哪个级别、从事哪块业务或身处世界哪个地方。我们希望所有的员工都能把为改善他们的工作和工作方式而进行的改变看作创新。这就是大规模创新可以从根本上改变一个大型组织绩效的地方。"

作为所有这些努力的成果,短短几年后,通过创新实现有机增长已成为汤森路透的常态。创新网络是该公司内部网中访问量最大的网站之一,员工在企业创新研讨会和挑战会上提交了数百个想法以供参考。催化剂基金的项目也已常态化地定期进行原型设计、实验,然后向客户推出。而且,这些企业有大量的开拓性新想法,这些想法正在它们的创新管道中进行。因此,尽管还有很多工作要做,且当前未有定论,但很明显,公司现在已经有了激励措施来保障创新文化的持续。

塑造创新思维

作为领导者,你的行为会发出强烈的信号,表明你正在努力创造什么样的文化(正如我们在第三章中讨论的那样)。因此,为了将创新融入你的单位或公司的 DNA 中,你和麾下的领导者们必须时刻亲自展示并以身作则。TIAA 的弗格森提供了一个典型的例子:在整个公司的业务转型过程中,这位首席执行官尽其所能塑造适合未来增长的行为模式——表现出对新想法的好奇和兴奋，同时仍然看重日常业务；在与整个企业的员工交流中表现出对他人的真正关心，以建立对学习的信任；并在非营利组织的董事会任职，既证明了他对服务价值的承诺，又从其他组织中培养对未来的洞察力。不仅如此，他还鼓励其他高级领导者也这样做。

与此相似的是，波音公司的首席执行官丹尼斯·穆伦伯格也经常在公司位于密苏里州圣路易斯市的学习中心与创新研讨会的参与者进行坦诚的、解决问题的对话，并试图在他们应对艰难的业务挑战时与他们一起思考。穆伦伯格还强调，每个创新研讨会团队都要有一位来自管理层的高级赞助人，他可以挑战团队的创造性思维，并提出创新的解决方案。他们的参与让团队成员和其他了解团队的人清楚地知道，创新对每个人都很重要。

汤森路透的情况也是如此。在催化剂基金的会议上，公司领导人会提出尖锐的问题、鼓励冒险，并展现出培养创造性思维所需的开放性。在这样做的过程中，这些高管明确了商业化的重要性，表明"酷想法"被接受不是因为它酷，而是因为它能真正解决客户的问题。在鼓励创造性思维的同时，他们仍然提醒各级员工，创新最终是取悦客户和发展企业的一种手段。

可持续性取决于你

持续革新并确保你的单位或公司能够长期生存下去，并没有什么神奇的公式。创新者的困境依然存在，且不容易被克服。但是，如果你为未来做好准备，管理一系列有助于创造未来的创新项目，并接受一种支持适应性和变革的文化，你将极大地提升获得持续成功的机会。

无论你在一个组织中的位置如何，无论你在什么样的组织中工作，在工作中加入对未来的思考和探索，都是你获得长期成功的垫脚石。毫无疑问，这将使你走出你的舒适区——没有什么比仅仅需要关注明天的截止日期更容易的了——但这是每个伟大的领导者都必须学会接受的一种不适。

思考问题

- **平衡自己的时间。**你花了多少时间专注于完成今天的事情,而不是计划未来?如果你的时间过多地偏向于当下,你将如何创造能力来发展未来长期的机会?
- **审视环境。**你如何识别和跟踪组织内外对你的团队的潜在威胁和机会?
- **巩固核心,积累盈余。**你现有的主要业务管理得好吗?它是否创造了一些额外的空间来探索和追求未来的机会?
- **创新组合。**你是否有一系列具有不同时间框架和风险配置的创新实验,可以帮助你和你的团队塑造未来?
- **为创新腾出时间。**你可以剥离或停止团队的哪些活动,从而获得更多的时间和资源进行创新?
- **培养创新能力。**你的团队成员是否理解不同类型的创新,如通过关联性市场实现增长、颠覆性创新和精益创新?你如何教他们了解这些不同的方法,并给他们机会通过经验来学习这些方法?
- **从失败中学习。**你的团队成员可以在多大程度上承担风险和失败?你能做些什么来鼓励正确的可控风险内的审慎学习呢?
- **创新文化。**你能做些什么来激励你的团队成员,无论是个人还是集体,不断寻找新的更好的方式来经营你的企业或为你的组织和客户做出贡献?你能给他们时间或种子资金来实现新想法吗?你在多大程度上塑造了创新文化?

第六章

领导自己

> 成功的事业不是计划出来的。当人们为机会做好准备时，事业就会随之发展起来，因为他们清楚自己的优势、工作方法和价值观。
>
> ——彼得·德鲁克

由于领导力通过他人的工作产生重大影响，所以我们在本书中用了很多篇幅来介绍你需要为你的组织，以及和组织一起做些什么。但这并不意味着，你对自己的关注是不重要的。事实上，组织的影响力最终取决于你，如果你没有能力处理好这个问题，就很难获得成功。要想成功地领导他人，你也必须领导好自己。

因此，在这一章中，我们将关注点由外在转向内在，关注你这个成长中的领导者，以帮助你在组织和世界上建立自己的个人影响力。在职业生涯的发展过程中，你需要了解自己的哪些方面来领导自己？怎样去学习需要了解的知识、练习需要掌握的技能？你应该接受哪些新的机会？在哪些方面你需要改变和适应以承担更多的责任，同时仍然保持你的本色？你需要建立什么样的关系？以及你如何在这些纷繁复杂的环境中照顾好自己？这些问题，对你来说可不是一次性的。在你的职业生涯中，这些挑战将不断发展，并随着你承担的责任越来越大而变得更加重要。

成功的领导者会表现出广泛的技能和特质，并遵循许多不同的路线来发展自己：要引领自己走上领导之路，不能完全依赖单一的路径。在每一节中，我们都将提供一些问题供你思考，以帮助你在自己的个人职业生涯过程中做出正确的决定。这一实践涉及四个要素：

1. 了解你自己：领导自己的基石是，了解你是谁，你代表什么，你擅长和不擅长什么，以及世界如何看待你。

2. 自我成长：追求最有效的成长途径，特别是那些帮助你在实践中学习的途径。

3. 分享你自己：贡献你的精力、知识和技能来帮助他人发展。

4. 照顾好自己：管理好自己的身体状态和情感状态。

了解你自己

"了解你自己"这句话与苏格拉底一样古老。这位哲学家的著名箴言对于现今组织中的领导者来说，仍具有现实意义。

了解你自己是为你的组织形成一个反映你的价值观的愿景的基础，也是对你所关心的工作给予优先考虑的基础。它使你能够理解和激励他人。当你的同事和伙伴感觉到你知道自己是谁时，他们会更容易追随你的领导。人们希望了解和他们并肩作战的人，你对自己的认知越清晰，就越能对他们有更好的把握。了解你自己也意味着你认识到自己仍然需要成长，以成为一个更好的领导者。你将知道如何在工作中照顾好自己，尤其当你获得更多的责任，迎来越来越复杂的挑战时。

但了解你自己是非常困难的。我们从来都不能百分之百客观地看待自己。举起镜子审视自己可能是痛苦的，因为我们经常把自己想象成我们想成为的样子，而不是我们真实的样子。当你成长为一个领导者时，实现自我认知甚至更加困难。随着你的责任和权力的增加，别人往往只会告诉你他们认为的你想听的东西。基金会的一位高管向我们分享了他自己的经历："我从来没收到过丝毫关于自己很难应付的暗示，直到我辞去工作，不再发放资助。"

了解你自己需要坚持不懈地倾听和思考。你必须用正式和非正式的手段，不断探求他人的意见和观点。我们在书中早些时候讨论过，提高员工和业务的绩效需要你不断致力于提供（往往是严厉的）反馈；也需要你致力于接受同样的反馈。这需要真正的谦逊品质：倾听你可能不愿意听到的批评，有耐心去反思，然后鼓起勇气，根据正确的建议采取行动，改进工作。

了解你自己，最好从提问开始。问问自己这三个方面的自我认知：

- 你的性格。
- 你的个人风格和习惯。
- 你的知识和技能。

让我们更详细地看一下每一个方面。

你的性格

你的目标是什么？你相信什么，坚持什么，关心什么？你在生活中的总体目标是什么？你的志向又是什么？你依靠什么样的内在力量来完成你所做的事情，并在面对挑战时保持不屈不挠？

你的答案将帮助你定义你的性格：它会在更个人化的、无形的、道德导向的方面定义你是谁。人们的性格往往是在童年和成年早期形成的，它将贯穿你一生中的许多方面。但人们确实会随着时间的推移而改变和发展，并在自我了解中成长，这可能会重塑他们所相信和关心的某些方面。作为一名领导者，你会发现不断反思自己的价值观和信念是很有帮助的，这些价值观和信念是你内心的北极星，是指导你作为人类社会一员而做出决策和展开行动的核心，也是你的追随者们死心塌地听从你的领导的核心。

现在，你需要更深入地考虑自己性格的以下几个方面。

目标

你为什么要做你的工作？你想对世界产生怎样的影响？

你深深持有的个人信念将直接影响和塑造你在组织中的工作。正如我们在第一章中所看到的，当领导者制定愿景时，它必须尊重组织本身更宏大的目标，当他们的个人目标与组织目标一致时，这样的目标将是最有效的。例如，公共广播公司总裁葆拉·科戈尔一生都致力于通过媒体去教育和改善美国社会。她在公共广播公司一直是一个受人尊敬的领导者，因为她是如此真挚地认同和相信这个公司的使命，这点从她对新的儿童频道战略的支持就可以看出。

你的目标可能是不变的，也可能在你的工作生涯中不断演变。在不同的公司工作多年后，约翰·朗格伦在职业生涯末期成为史丹利百得公司的首席执行官，他希望贡献个人力量，以帮助这个总部位于新英格兰地区的标志性品牌扭转局面，因为他在那儿长大。

价值观

在与他人共事时，你所遵循的原则和标准是什么？哪些品质和真理是值得保留和捍卫，并在别人身上培养的？你的价值观可能是"在所有交易中保持诚实可信""客户利益至上"，或是"致力于性别平等""对事不对人"，再或是"通过谨慎的风险评估来创造价值"。除此之外，你还有个人生活的价值观——对家庭、社区、爱国主义以及更广泛的社会事业的重视等。

正如我们在前面章节中看到的，领导愿景、员工发展或企业文化变革必然会反映你的价值观，你所从事的大多数战略发展和转型工作也是如此。价值观赋予你信誉，并由此建立信任——人们知道了你的立场。安妮·马尔卡希对施乐公司的改造是成功的，因为她是一个老员工，深信公司的价值观，所以她的员工知道，她要求的变革是为了保护施乐公司本身。同样，罗杰·弗格森个人致力于为那些服务他人的人提供福利的个人承诺，使他有信誉发展 TIAA，并使其业务模式能够适应外部财务压力，同时为客户提供该公司 100 年来一直提供的财务保障。

抱负和个人抗压能力

你想取得多伟大的成功？你会有多勇敢、付出多大努力将之实现？当你在工作中功亏一篑或遭受挫折时，你是否有勇气正视失败，并谦卑地学习、改变方向，再试一次？你相信那些有形的或无形的奖励是值得你卧薪尝胆的吗？你有勇气诚实地回答自己吗？

大黄蜂海产品公司的首席执行官克里斯·利舍夫斯基简要总结了我们多次从高管们那里听到的内容："对于一个领导者来说，最重要的就是要有获胜的动力和坚持下去的勇气。"马尔卡希回忆说，即使她像往常一样努力工作，也必须在每一步都接受来自各方的批评。她在创业中的成功源于她的高抗压能力和认真执行的每个具体战略。

失败的记忆和错误的决策总是在领导者的脑海中挥之不去。但成功的领导者都能从中深刻学习，建立个人恢复能力，然后在下一次完成更高的目标。正如我们认识的一位经验丰富的高管所反映的那样："如果你想成为一名首席执行官，你每个月至少得忍受几天非常糟糕的日子，并且从中学习提升自己。如果你做不到这一点，那就把你的雄心壮志降降档次。"当你努力获得更高的领导职位时，不断回想日常工作中最艰难的时刻，可以加强你在这些挫折中所锤炼出的品质。只有了解了你的意愿和能力，才能更好地迎接你为自己设定的挑战。

你的个人风格和习惯

你是那种负责任的领导者吗？还是你在完成任务时更含蓄，更喜欢与他人协作？你是一个很容易捕捉到别人的感觉和情绪的人，还是更善于用分析和概念来建立联系？你的工作模式是怎样的？你是做什么都有条不紊，还是在计划和结构上更依赖于眼下情况？

这些问题和类似问题的答案将决定你作为一个领导者的风格和习惯。如果你的性格代表了你内在的驱动力和价值观，那么风格和习惯就是你向别人发出的外在信号。它们塑造了其他人对你的看法和合作方式，因此，它们也是你必须了解自己的地方。我们看到很多关于领导力的书籍、博客和研讨会都在关注领导者的正确行为方式。但我们相信，世界的人们有着太多的差异，简单粗暴地定义成功的通用公式是不存在的。不同类型而又非常成功的领导者，往往有截然不同的个人风格和习惯（例如，温斯顿·丘吉尔和圣雄甘地）。

因此，我们不会给你一个必备清单，而是鼓励你通过反思自己迄今为止取得成功的原因来发现适合自己的清单。如果你正在读这本书，你已经有了某种程度的成就——也就是说你依然在追求进步。当你展望未来时，不妨考虑一下你目前的风格和习惯中的哪些属性会帮助你获得成功，哪些可能会阻碍你未来的发展。

对照外界反馈反思自己

通过再次探究一些目标明确的问题来开始你的反思，例如，问问自己和身边同事，你的领导风格和习惯。许多领导者与教练或外部顾问一起工作时会使用成熟的评估工具（例如，MBTI和DISC性格测试、360度反馈评价等）来帮助他们发现自己在工作场合的行为和风格。这些都是有帮助的，但你也可以为自己安排一个基本的调查——例如，通过运用彼得·德鲁克在他的里程碑式的《哈佛商业评论》文章"自我管理"中的自我诊断来认识自己。

德鲁克认为，所有的领导者都应该设法了解并提高自己在几个领域里的自我认识。其中一个领域，在"我的价值观是什么？"这个问题中得到了体现，这就是我们已经讨论过的性格的一部分。但他的其他一些问题可以帮助你了解你的领导风格和习惯的关键方面。

在进行这样的诊断时，你从别人那里听到的内容可能与目前对自己的看法不同。但是，你可以从这些差异和调查结果本身中学到很多东西。

什么时候我最高效？ 从简单询问别人开始你的自我分析："你认为作为一个领导者，我什么时候处于最佳状态？"这个问题的目的是要找出你在最近的工作中表现出色的具体情况。

当你的同事认为你作为一个领导者已经"全力以赴"时，听听他们提供的具体反馈，然后退后一步，思考他们为什么这么说，以及是什么让你的行动在他们看来如此有力。同时，还要考虑一下这些情景对你来说是否像对他们一样富有成效和活力。如果没有的话，那是否错过了你为这项任务带来的某种特定风格，或者某些其他人认为显然非常有用的可重复的方法？例如，在遭遇困难时，你是否像要求员工一样要求自己？你是否停下来为每个人画了一张图或一个表，让你的论点突然清晰起来？在做出一个好的决策之前，你是否进行了一场对立观点的辩论？

一旦确定了让你出类拔萃的行为模式，问问自己如何才能更有规律、更有意识地执行这些行动。

什么时候我最低效？ 记得也问问相反的情况：在领导他人时，我什么时候表现得适得其反？我采用的哪些风格方式或习惯可能会让人不快，拖慢团队的进展，或降低对我们组织的信任？

你可能不得不迫使员工坦诚相待，因为你要求他们接受给你提供负面反馈的任务，而这项任务可能使他们感到不适。在这方面，有时需要第三方管理的调查或一系列访谈来揭示不那么美好的事实。但是通过这一方面的信息收集，领导者往往能学到更多的东西，所以不要回避这个机会。你得到的反馈应该促使你反思自己的行为模式，以及如何修改它们以变得更有效。

我处理人际关系的能力如何？ 询问你的风格和与人打交道的习惯是值得单独提问的，即使这个话题已经在你的自我问询中出现过。人际关系是领导能力的重要组成部分，因此获得你能发现的任何额外细节都是有价值的。

近年来，关于领导力的研究越来越强调情商在领导力中的重要性，我们在第三章中谈到建立团队时也短暂提及过。毫无疑问，情商的必要性也适用于你，它是有效关系管理的一个主要因素。丹尼尔·戈尔曼在《哈佛商业评论》的文章"是什么造就了领导者？"中首次详细阐述了这一点。当你想探究他人以了解自己处理关系的能力时，不妨看看戈尔曼的问题合集：

- 我是否有自知之明，能够了解我的行为如何影响别人？
- 我能自我调节那些破坏性的冲动和情绪吗？
- 我如何激励他人？
- 我是否带着同理心去理解别人的情感构成？
- 我是否具备与他人建立融洽关系并积极影响他人行动的技能和风格？
- 我哪些方面强，哪些方面弱？为什么？

我应该如何为自己的工作进行最佳定位？ 你已经了解了自己什么时候效率最高、什么时候效率最低以及应该如何处理人际关系，那么你应该如何塑造你所扮演的角色和你所处的环境才能做到最好？领导者们通常会在他们的角色和工作领域有一些选择，或者更好的是，为自己创造一些选择，这样他们就可以尽可能地提高生产力和效率。

什么样的贡献能发挥你的优势？ 你能把责任委托给别人来完善你的工

作吗？尤其是在你力有未逮之处？你能否在周围和组织中营造一种工作环境，使其他人能够茁壮成长以支持或完善你的工作？你能否时不时地承担不同的角色，以便你能够学习和更新自己，或者随着时间的推移从不同的角度看待业务？

真实与否

审视你的风格和习惯很可能会让你找到真实的概念。在今天的工作场所，许多人称赞那些看起来很真实的领导者，这意味着他们在表面上看起来让人很舒服，或者他们没有出现与他们的真实身份不一致的行为。谈及真实，有时人们只是用来形容那些风格轻松的人或以一种优雅的方式不拘礼节的人。有时，真实也可以被援引为一种令人反感的方式的借口，如"他很粗鲁，很情绪化，但至少他是真实的"，或者为领导者的各种未经考虑的行为辩护，而那个领导者甚至是一个可能辱骂或不关心他人的人。

这个概念的最初定义更加微妙，在组织上更具建设性。比尔·乔治、彼得·西姆斯、安德鲁·麦克莱恩和戴安娜·梅耶在《哈佛商业评论》的经典文章"发现你真正的领导力"中坚持认为——并且我们也是这样认为的——规定一些千篇一律的领导行为并没有什么帮助，因为这些行为可能不适合拥有独立自主人格的你。相反，作者认为，最好的领导者，或者说真正的领导者，对自己的目标表现出始终如一的热情，建立长期的个人关系，知道自己是谁，也知道自己的与众不同之处。我们同样认为，没有领导者能通过向组织展示一个人为的、不自然的人设而受益。这样做会妨碍信任，并削弱其他人与这个领导者合作或追随这个领导者的动机。

与此同时，领导者总是需要对环境保持高度敏感。随着时间的推移，优秀的领导者也会随着他们接受更大更复杂的挑战而蜕变和成长为能够承担更大责任的人。正如赫敏尼雅·伊贝拉在《哈佛商业评论》的一篇文章"真实的悖论"中所写的那样，作为一名领导者，如果你过于死板地忠于真实，它可能会扼杀你在职业生涯中取得更大影响所需的个人成长。领导者必须找到一个中间地带，保持真实的自己，但也愿意"超越自己的舒适区，不断学习和适应复杂的新形势"。

事实上，我们交谈过的许多领导者都认可真实，但也强调，他们已经根据条件调整了自己的风格和习惯。总部位于明尼苏达州圣保罗的布雷默金融公司的首席执行官珍妮·克莱恩回忆道，在职业生涯早期，她试图穿着男性化的西装，戴着粉红色针织领带等配饰，以融入男性主导的银行业文化。但她也意识到，"真实并不意味着分享你内心的一切感受或展示你个性的所有方面，它只意味着做真实的自己。我必须学会在自己的风格中找到那些最能塑造我试图在银行建立的绩效文化的方面"。

你的知识和技能

为了今天的工作，你需要知道哪些具体的事情？在那之后的工作内容又需要什么？什么样的技能可以帮助你把知识转化为行动？它们在未来将如何变化？你在哪些方面有优势，哪些方面有差距？

比性格更有形，但不像风格和习惯那么明显的是知识的积淀：对事实、技术信息、行业背景和绩效驱动因素的理解等，都是你通过生活和工作经验或更正式的学习获得的。知识通常被动地存储在你的脑海中，而技能则更多是需要动手的，反映了你如何在实践中应用知识。例如，作为一名医学生，你可能具备做心脏手术的知识——了解器官的结构，表明健康或疾病的模式等。但一名心脏病专家的技能在于，如何使用手术刀做出正确的切口，或者在出现问题时采取紧急行动。

在商业领域，你可以通过学习、观察或听别人讲故事来获得很多知识，但你可能仍然缺乏将这些知识付诸行动的能力。例如，在战略制定方面，你可能在商学院学过很多不同的框架，但除非你领导过战略制定过程，并不得不做出它所要求的那种艰难选择，否则你不能声称自己真正擅长这项实践。作为一名领导者，当你评估自己的知识和技能时，要记住它们之间的差异，并诚实地评估你在每一项上有多好或多不好。

我们在前几章中介绍的实践需要一定的知识和技能才能很好地执行。如表6-1所示，我们总结了一些重要的内容。这个表是一个很好的起点，但你可以在思考自己的组织和发展环境时对其进行补充。当你考虑自己的相对优势和差距时，可以把这个评分标准作为自我评估的基础。

表 6-1　为你的领导实践提供知识和技能样本

实践	知识	技能
构建统一的愿景	公司的抱负 竞争地位 创造未来成功前景的力量来源	创造性思维 会讲故事 有效使用类比和视觉思维 综合想法的能力 管理冲突或分歧并形成共识的能力
制定战略	客户需求 市场结构 行业趋势 竞争格局	收集情报 分析情报 解决问题 创造性思维 做出决策
招募优秀人才	人才市场 招聘和发展实践 优秀团队管理 薪酬模式	推销 指导 提供反馈 协商激励
专注于结果	绩效管理系统和方法 战略所需的相关指标 促进合作的最佳实践 将战略与运营联系起来	谈判技巧让人们有责任感 给予严格的反馈 解决冲突 激励个人和团体
为未来而创新	当前的业务模式和威胁 创新趋势 新兴的业务模式 市场 技术	管理变化 管理权衡 从失败中学习 实验
领导自己	对业务有一定的了解 对所在行业有一定的了解 对公司历史有一定的了解 经营环境的更广泛趋势	情商 沟通影响和激励 建立信任 时间管理和优先排序

表 6-1 列出的许多技能和知识将适用于多个核心实践，还有一些则贯穿其中，比如情商、沟通和影响能力、业务常识以及你所从事的行业、影响公司竞争的相关趋势等。列出一份你认为对工作成功最重要的知识

和技能清单，然后用它来评估你拥有什么，缺乏什么，以及你需要加强或建立什么。

获得外部视角

比了解你的性格和个人风格更重要的是，定期征求外界的反馈是获得自我意识的关键一步，让你知道自己需要提高哪些技能、强化哪些知识。然而，关于调整你的个人风格的非正式建议通常都是简短且没有威胁性的（"在倾听下属的反对意见时更耐心一些会有所帮助"），关于你的知识和技能的评论可能会直接影响到你作为领导者的能力（"你真的需要提高对财务知识的了解"）。同事们不太可能有机会谈论这些问题。此外，作为领导者，你面临的最大危险之一就是不知道自己有哪些是不知道的，而书面描述的差距可能比非正式的口头反馈更具体、更有力。

要为自己组织更正式和书面的反馈，可以安排一个匿名的、由顾问指导的"360度反馈调查"或一些更开放的访谈，或者采取措施确保任何正式的业务绩效评估都包括对你个人贡献和不足的建设性评估，这样你就可以从中学习并在未来做得更好。

在任何情况下，无论是通过正式的还是非正式的反馈，我们采访的领导者都强调了听取他人建设性意见的重要性，因其可以明显提高他们的效率。例如，TIAA 的弗格森与他的高层团队建立了牢固的工作关系，他们最终有信心建议他将更多的时间和注意力转移到战略方向上，而不是深入研究运营细节。Innography 数据库公司的约翰·马丁听取了一些值得信赖的下属的意见，这些下属让他相信，当他发脾气时，他作为领导者的强大分析能力就会消失。风险投资人兼科技公司首席执行官鲍勃·普洛克特在各种私下谈话中听下属和客户说，他需要在构建流程方面获得更专业的帮助，以补充他作为领导者所提供的战略思维。美国公共广播公司的葆拉·科戈尔期待着听到公司董事会对她的年度领导力的评估，因为，正如她所评论的那样，"只有通过这样的反馈，我才能真正理解作为一名领导者，我必须做些什么才能变得更好"。例如，她记得"当我的首席运营官已经病了近半年，董事会在更换我的首席运营官时，对我的选择进行了坦诚的评估。对我来说，这是个艰难的个人决定，但我必须更多地了解如何管理机构风险，例如，如果我突然被一辆公共汽车撞到，如何应对由此引起的制度真空问题。虽然董事会鼓励我采取行动，但他们也明确表示，决定权在我"。

思考问题：了解你自己

在本节的最后，我们将总结一些你可以使用的问题，这些问题可以用于你自己，也可以用于指导第三方对你的工作进行评估，以帮助你更好地了解作为领导者的你是谁，从而揭示对你未来发展的关键意义。

- 考虑一些你敬佩的领导者。他们都有哪些目的、价值观和抱负？哪些是你也有的？他们的和你的有什么不同？为什么？
- 回想一下你职业生涯中的一些挫折。你从这次经历中学到了什么？你从中获得成长和进步了吗？为什么成长了或者为什么没有成长呢？
- 如果你向主要利益相关者询问你的领导风格，他们会说你应该在哪些方面做得更多才能更有效率？你应该少做什么？还应该继续做什么？
- 描述真实的自己，是否有些方面与你未来的目标不一致？为什么？
- 对于你目前的工作来说，哪些知识和技能最重要？为什么？关键的利益相关者——同事、合作伙伴、客户、员工和董事会成员——如何评估你在这些方面的能力？他们会指出你真正的优势和最大的差距是什么吗？
- 当你寻求关于自己的反馈时，你准备好接受一些负面的反馈了吗？你如何能够提高防御反应？

自我成长

现在你已经审视了自己是谁，擅长什么，不擅长什么，接下来让我们思考一下如何让自己不断成长。

新技能和复杂的知识体系可能很难掌握，但对你来说，第一个挑战是花时间有意识地自我提高。许多领导者忽略了学习的机会，因为他们觉得这样会分散他们花在工作上的精力。部分成功的领导者也可能成为过度自信的牺牲品，他们过去的成就诱使他们相信，更多的成就会自动出现——这是一种危险而虚假的希望。

随着你职业生涯的上升，在更高的职位所要求的绩效水平面前，即兴发挥是远远不够的。你想要产生的影响越大，你面临的挑战就越复杂，你需要学习的知识和技能的范围就越广。你可能还需要更深入地思考，自己是否愿意改变某些价值观，或适应真实的自我——这是在另一种类型的组织，或更大、更艰难的领导角色中取得成功的必要条件。

因为面对挑战总是跃跃欲试，所以优秀的领导者们往往求知欲都很强。他们习惯于不断扩宽自己的视野，这样他们就能以不同的方式思考问题。他们可以根据需要重塑自己的目标、价值观和抱负，可以为自己和自己的企业开辟新的机会。有目的性地进一步发展是完成更高的个人绩效的必要步骤——谦虚一点来讲，是的，你的确有好多新东西可以学。虽然持续学习的要求很高，但它也能带来更多的成长与满足。

此外，作为领导者，你的部分职责是不断提高组织内其他人的绩效水准。为了不断提高整体绩效，你必须树立一个自我表现和自我学习的榜样，变得更加明智，明白"更好"对整个企业意味着什么——即使你不能成为每个领域的专家。

选择一种学习方法

世间有许多不同的工具、程序和教育产品用于学习和专业发展，适用于建立领导能力过程中的不同目标。因此，最重要的是，开始提升之前，你得去厘清这些想要达到的目标。这将帮助你选出最合适和最具成本效益的方法。

广义地来说，我们可以将职业发展途径分为两大类：一类是正式学习，另一类是非正式或在职学习。我们将依次讨论这两类途径，并强调每种知识和技能最能帮助你的哪种职业发展。

正式学习

正式学习在历史上意味着课堂式的教学和讲座，辅以阅读和讨论。近年来教育的发展扩大、模糊了这一范畴，现在还包括计算机辅助的内容交付和参与、在线视频教学、角色扮演和模拟等。但这种方法的核心是一致的：在某一学科中有经验的人向希望学习和吸收所提供的知识的学生展示精心编写的相关内容。

商业培训和课堂教学经常被诟病过于学术化和繁重，但这两者仍然有其存在的意义，特别是现在随着技术改进的参与性和个性化体验的增强。正式学习任何科目都是特别划算的，因为这些科目的事实和实践已经被很好地建立起来了，或者你需要掌握的知识已有足够详细的参考，或技术已经足够成熟——不比以前自学或通过情景体验学习的效果差（甚至没办法真正学到东西）。这些主题包括基本的商业基础知识或技术知识，如会计、公司财务、市场营销知识，或不同的法律主题，如知识产权或劳动法。正式学习也是一种很好的方式，可以让你在人才管理流程、工作场所多样性、薪酬政策等方面跟上践行后的最佳操作。

工作坊式的项目更具参与性和便利性，可以磨炼你的行为与风格，如沟通影响力、给予绩效反馈、解决冲突，或为谈判制定个人策略。工作坊或教室的安全空间，结合模拟或案例研究的学习程序，将是开发和练习这些技能的绝佳方式，并且避免了在实际工作环境中失败的风险。

学习大学课程或加入其他研究型机构（智库、商业联盟机构等）可以帮助你建立对行业、社会、全球经济和类似领域未来趋势的知识和意识，为公司战略提供重要信息。大多数具有前瞻性的领导者还会抽出时间参加特定的行业或媒体主办的会议，这些会议汇集了思想领导者、引领潮流的高管和关键政策制定者。听取他们对重大新兴问题、新兴创新和领先实践的看法，可以帮助你为自己的企业制定更好的战略、绩效基准和规划。

非正式或在职学习

尽管正式学习有潜在的好处，但作为领导者，你的大部分提升是来自非正式的学习，比如从工作中获得的经验。为了写好这本书，我们采访了许多成功的高管，他们都表达了"从实践中学习"的偏好。康尼格拉的前首席执行官加里·罗德金认为，他在职业上的崛起并不是因为他接触了成千上万本关于领导力的书籍，而是因为他在职业生涯早期不得不拓展自身能力的特定经历。

虽然课堂和书本学习对于获取既定的信息、事实和公认的实践特别有效，但我们认为，领导力需要一些不同的东西：更细致和应急的技能、判断力和针对特定情况的敏捷性。领导者必须具备这些技能来应对复杂且独特的挑战。这种经验最好通过个人经验、观察和反思来磨炼。

从实践中学习将是最好的方式，例如，在帮助别人发现你的价值观和目标时，你需要向别人表达和解释或通过行动去展示。在此过程中你将进一步确立对自己性格的认知，并让周围的人感受到。若想成为员工的榜样，你可以通过实践和反思，你将测试、完善并确认对你来说最有效的行为和习惯。

同样，只有通过尝试和应用，你才能体会到书本上解释的特定战略或创新方法之间的差异，以及如何实施它们，并使它们在整个大型组织中成为现实和共识。只有通过实际操作，你才能把前沿商业的抽象理论和想法变成你思考的一部分——例如，平台战略到底是什么样子、如何与客户共同开发一种产品、思维多样化的员工如何才能真正表现得更好等。同样地，只有通过实操，你才能建立做决策的判断力，或者培养倾听能力，以及虚心接受别人对你的作为的刺耳反馈。只有通过实践的检验，你才能在被迫克服困难时培养坚韧和勇敢的品质。你每天所做的工作就是一个个鲜活的实验，实验结果不断告诉你你是谁，以及你想成为什么样的人。

从工作中学习什么，以及从哪里学习

因为在职学习是培养你的领导能力的绝佳机会，所以你需要有意识地利用这些经验。不管你做什么工作，你都要对自己有新的认识，知道自己需要做什么才能做得更好。如果你能意识到这一点，而不是简单地把它当作获取酬劳的背景优势，这种学习是最有效的。

为了更有目的性和更有效地进行在职学习，首先要考虑你正在积累的经验"是什么"，以及你计划"在哪里"学习。至于"在哪里"，可以考虑两种场合：当你在目前的工作中拓展自己的能力时，以及当你在目前的公司或新的地方承担不同的或新的责任时。这样的机会如果把握得当，那么当你面对陌生和更困难的挑战时，可以进一步拓展你的能力，培养更深更广的技能。

从当前的工作中学习。每个角色都有可能教会你新东西。如果你是中层经理或正在上升的高管，可以充分利用你从老板或主管那里学到的东西（即使是消极的教训或对你的表现的严厉反馈）。对同事、客户和向你汇报的人也应该这样做。如果你是一名首席执行官或已经是一名高级领导者，可以从公司董事会或其他与你共事的外部合作伙伴那里获得建设性的反馈。使用绩效评估来判断你需要改进的地方，并经常讨论你将如何针对报告中的发现进行改进。总的来说，你应该养成一个习惯，寻找机会从你的上司和同事那里收集关于你的表现、风格、优势和差距的反馈，以及作为一个领导者，你如何才能更有效地发挥作用。倾听和接受反馈是你最宝贵的学习工具。

你也要寻找机会，从一些知名的公司中获得专业的学习，例如，以你目前的职位有机会参与的公司重大计划。和你手下的经理一起工作，比方说，加入一个新的战略问题解决工作组，或者一个由董事会发起的开拓新市场或产品开发流程的计划。如果你想提升某些特定的知识水平或技能，那就去找相应的团队任务。同样地，如果你参与了制定公司愿景和发展战略的过程，那就把这看作一个机会，可以更明智地了解行业趋势、运营环境的变化、市场和客户的变化等。你的时间虽然很宝贵，但不要把所有的学习都外包给顾问。自己做一些研究和趋势分析会增加你的专业知识并提

升见解。

还可以利用公司内任何更广泛的组织学习计划，例如，在重大计划、产品发布或合并结束时进行的事后回顾。如果你曾是某个正在审查的公司计划的决策者，要有勇气去倾听和学习你自己本可以做得更好的地方。

有时学习经验会不期而至，不管你是否做好了准备。就像沃伦·本尼斯和罗伯特·托马斯在2002年的《哈佛商业评论》文章"领导力的考验"中描述的那样，面对和处理突然出现的危机（重大冲击、外部灾难、陷入破产或类似情况）是一种"严峻的考验经历"，领导者必须迅速获得战胜逆境的知识和技能。伟大的领导者将这些挑战视为个人发展的源泉，也是让自己在未来的机遇面前变得更强大的一种方式。

如果你认真对待从实践中学习，你也必须做好失败的准备，就像滑雪者摔倒在斜坡上，然后准备好在前面的转弯和雪道上做得更好。如果你只把自己放在成功的环境中，就学不到抗压能力和适应能力，也学不到如何站起来、反思哪里出了问题，然后尝试不同的方法摆脱失败的自己。（请参见"从失败中学习"方框中的内容。）

从失败中学习

任何组织要想取得更好的绩效，就必须知道如何从失败中学习，正如我们在创新实践中所看到的那样。作为一名领导者，学习如何从失败中恢复过来对于你的事业成功同样至关重要。正如罗恩与合著者在《哈佛商业评论》的文章"从职业挫折中恢复过来"中阐释的那样，从职业挫折（比如没有得到理想的晋升，甚至被解雇）中恢复过来的一个关键因素是退后一步，反思发生的事情，从经验中学习，然后继续前进。那些把时间花在指责别人或感觉自己是受害者的人更有可能再次遭遇挫折，更加难以达成他们的职业期望。

失败总是可以接受的，但这并不意味着你应该降低你的绩效标准。除非你是有意进行这样的实验，而且你真的想要失败很多次（因为它会告诉你什么是行不通的），否则"领导力失败"不应该出现在你的日程上。然而这也是不可避免的，特别是在复杂的组织环境中，其中涉及不可预

> 测的人员和不稳定的、快速变化的环境。即使是最好的领导者也没有办法把每件事都做好，所以当出现问题时，他们会把它作为学习的跳板。优秀的领导者会围绕自我提升进行经验的重构，以此在避免重蹈覆辙的同时，对未来类似情况也有了更多的见解。

从每一份新工作中学习。 与我们合作过的领导者强调，他们在整个职业生涯中通过接受不同的任务、面对各种各样的问题和挑战学到了很多东西。无论是在现有公司不同部门的新职位，还是在其他组织的其他职位（通常是更大的工作岗位），优秀的领导者都将工作轮换和外部调动作为学习机会，然后作为未来更大发展的垫脚石。施乐公司的马尔卡希利用了她在多年的销售和人力资源工作中获得的技能、人际关系和文化信誉。在美国联邦储备委员会任职期间，弗格森将资产管理和市场风险方面的经验运用到领导 TIAA 的工作中。德勤的研究员凯茜·本蔻在 2010 年出版的《公司格子：在不断变化的工作世界中实现高绩效》一书中，通过不同类型的角色和职位总结了这种发展趋势。她的研究表明，在一个成熟的公司阶梯上晋升的传统做法，现在正让位于那些在整个组织中沿着更像"公司格子"的东西追求曲折职业生涯的领导者。因此，当你可以提升你的技能并接触不同类型的问题时，尽量寻找机会担任一些非常不同的职能角色。

即使在你职业生涯的后期，也要坚持这种学习方式。例如，2009 年默克制药公司和先灵葆雅制药公司合并时，时任默克制药公司全球医药营销和美国制药业务主管的亚当·谢克特同意担任整合负责人。他是自愿的，不知道这份新工作需要做什么，但他认为这项新任务是一次个人拓展，是一个发展自己技能的机会，可以发挥更广泛的领导作用。他告诉我们，"我记得那天晚上回到家，我拿出一张白纸，问自己：'明天我要做什么？'"（参见罗恩与苏珊娜·弗朗西斯和里克·海尼克合著的《哈佛商业评论》文章"合并红利"）。

无论你处于职业生涯的哪个阶段，你都可以让自己置身于可以促进领导力学习的延伸环境中。例如，无论你的角色是什么，你都可以自愿组建一个团队来解决一个反复出现的问题，主动提出带头解决客户或供应商的问题，或者为来访的高管们计划和安排议程。如果你找不到业务上的问题，那就在办公室组织一次筹款活动，或者组织一次社交活动。你也可以在目前的组织之外寻找社区、宗教或公民团体的领导角色。所有这些情况都是领导责任的缩影，要求你把一群人团结在一个共同的目标周围。所以它们会是很好的实验室，在那里你可以学习如何领导，或者如何比现在更得心应手地领导。

但是在选择机会的时候，要记得坚定你的学习意志，因为你将要面对的情况至少会让你有一点点不舒服——不太确定该做什么，必须且只能在前进的过程中弄清楚。让自己面对精心挑选的新职位和行业挑战，总是会得到一些建设性的拓展；但在你已经熟悉的领域承担更多的责任亦是如此。以上这两种情况都要注意。

如何从工作中学习

然而，要最大限度地提高不同业务的效益，不仅仅来自业务接触的多样性、深度和广度，还来自你吸收经验的方式。因此，不仅要考虑你将在哪里学习什么，还要考虑你将如何进行学习。

简单来说，"活到老学到老"是我们把领导力视为持续实践的概念核心：采取行动，然后观察和反思结果，以及为什么你实现了（或未能实现）某个特定结果，然后计划并将必要的个人改变融入工作习惯，以便下次改进。

我们最基本的建议是要有目的性，无论你的工作是什么，都要注意你为完成工作所做的决定和行动。定期花时间观察、分析和思考一个特定的计划是如何完成的。将其综合并用文字描述成功或失败的地方，以及原因。根据你所看到和理解的，决定下次你应该如何做得不同或做得更好，对自己负责。

最亮眼的演员就是你。倾听他人的反馈，或与你信任的人（例如，非正式的导师或高管教练）进行事后复盘，都能极大地帮助你进行观察和反思。许多专业人士还发现，写个人日记记录思想总结是很有价值的。当然，对不那么看重隐私的人来说，也可以通过写博客或其他形式的社交媒体与更多的观众分享。许多高管还会与同行从业者志愿者小组（通常来自同一行业的非竞争性组织）建立非正式的学习关系，每个成员定期交流专业经验,以名为实践社区的形式相互学习(参见埃蒂纳·温格和威廉·斯奈德在《哈佛商业评论》上的文章"实践社区:组织前沿")。

向他人学习。 除了自我观察和反思,通过观察和分析其他领导者的实践和风格,你也可以学到很多东西。从你自己的老板或组织中的其他高层管理者开始:超越他们为你设定的方向或他们可能为你创造的工作,思考他们作为领导者本身的技能或错误。如果一个人向组织发表了重要的演讲,结果如何?为什么?当你从老板那里听到反馈时,除了他们告诉你的内容,他们是如何处理整体情况的?它们让你感觉更有活力还是更没活力?当你不得不对更多资历较浅的人做同样的事情时,你会有什么不同的做法?为什么?从自我提升的角度来看,你可以开始把你的整个公司和职业生涯的早期阶段看作一个大的学习实验室。正如史丹利百得公司的约翰·朗格伦评论的那样:"我学到的很多领导力知识,都来自我职业生涯早期对几个非常棒的老板的观察和学习,同时我也发誓,永远不要像我曾经遇到过的一个非常糟糕的老板那样行事。"

高管教练的价值。 我们已经提到了与高管教练合作的潜在价值。如果你从来没有机会这样做,这里有一些建议可以帮助你开始。

首先,正如约翰·巴尔多尼在他的《哈佛商业评论》文章"在与教练合作之前,挑战你的自我假设"中所解释的那样,有意识地向自己说清楚为什么你要寻求外部帮助,以及你特别希望从这段关系中得到什么。罗恩在《哈佛商业评论》的一篇文章"如果你的老板让你找一个教练,不要惊慌"中写道,要认识到并学会把参与作为一个成长机会。还要明白,并非所有的高管教练都是一模一样的。除了一段关系的化学反应,你可能想要发现、意识到不同的教练有不同的方法和不同的专业知识。例如,有些课程侧重人际交往技巧,有些侧重战略思维,还有一些侧重个人生产力等。明确你自己以及你的潜在教练——期望和需要什么。

其次,更微妙的一点是,要明白高管教练只是个人成长这一更大系统中的一部分(参见马歇尔·戈德史密斯和加德纳·莫尔斯在《哈佛商业评论》上的文章"表现自己")。一个好的教练会帮助你反思和认识到你可能没有看到或意识到的关于自己的事情,也可能帮助你综合和计划如何在特定的职业或个人挑战中提升自我。但要记住,教练不是唯一一个给你反馈的人，有时他更像是一个信息聚合者，而不是相关见解的发起者。通常，对你来说最重要的反馈不是来自教练的话语，而是来自同事、主管、合作伙伴和客户的声音。同样的，进步只能通过你自己的行动和承诺来实现，不要指望找了教练就能让你变得更好——教练可能会指导你、挑战你，但真正的领导力转变始于你，也止于你。

一般学习原则的总结

作为一名领导者，当你权衡并参与不同的成长和自我提升机会时，请遵循以下基本原则：

- **扬长避短**。许多研究表明，当你少关注弱点，多关注你的优势，尤其是那些为你的组织带来最大价值的优势时，职业发展的回报会更高。但正如罗伯特·卡普兰和罗伯特·凯泽在《哈佛商业评论》的文章"不要过度发挥你的优势"中所表明的那样，你的优势可能会被过度发挥，如果你继续发展和过度发挥你的优势，你可能会成为失衡和无效的领导者。最好是在你擅长的和不擅长的事情之间建立一个平衡，并继续征求关于"我应该多做什么、少做什么、成为什么样的人"的反馈。

- **走出舒适区**。正如我们说过的，学习和成长来自不断拓展和直面新的困难的挑战。在你可能不是老板的地方，在你可能听到批评你的风格和表现的地方，或者在你不熟悉的情况下自愿参与职业发展。然而，这是有限制的：对于培养目标是一项明显远超当前能力的项目，你要小心加入。你需要的是拓展，而不是被击垮或羞辱，这样才能进步。还要提防那些承诺某种神秘的自我理解的潜在发展项目，或者用虚假的承诺给你的身体带来重大风险。例如，"在我们公司的度假村，走在燃烧的煤炭上，你会真正学会自我控制"（这曾是团队建设圈子里的一个真实案例）。

- **保持理智上的谦逊，倾听、倾听、再倾听**。除非你乐于接受新想法和挑战，否则你永远不会成长。太多的领导者因过度自信而无法获得新的技能和知识。所以要养成好好听别人说话的习惯，不要总想着先说为快。在你的职业生涯中，你会不断地与员工、客户、董事会成员、合作伙伴和其他利益相关者打交道。把每一项都看作潜在的学习资源，了解趋势、创新和需要解决的问题，以及作为领导者你擅长或不擅长的地方。你会听到对你工作方式的挑战，对你思维方式的批评，以及源源不断的关于你为什么以及如何能做得更好的建议。把这些讨论看作一种资源，而不是对你声望的攻击。

- **实践的传统学习周期。** 我们再次强调，经过时间检验的研究表明，人们学习和发展的方式遵循一个反复的行动周期，然后评估结果，反思为什么会发生这些事情，最后采取步骤从学习中改进。无论何时，当你试图发展新的技能或知识时，建立一个遵循这个周期的过程。
- **根据自己的需要和学习方式选择合适的学习机会。** 正如我们所描述的，不同的课程和经历适合不同的职业挑战。但当你抓住机会时，要注意自己的学习偏好。性格内向的人通常更喜欢独自阅读或学习；性格外向的人喜欢群体谈话和参与。视觉工具和体验对一些人来说非常重要，对另一些人来说则不那么重要。你可以坚持分析性的表达，也可以更喜欢经验性或直觉式的学习。知道什么对你有用，什么对你没用，并把它作为你发展计划的一部分。
- **与实际工作和当前挑战相关的学习和发展会更好。** 一般来说，学习与你正在做的实际工作更直接相关，满足你当前技能或知识需求的知识对你来说更有意义、更有影响力。这也是大多数领导者都愿意花时间学习的。

思考问题：自我成长

专业成长是你成为领导者的最佳投资，但这项工作最终掌握在你的手中，而不是其他人的手中。如果你很聪明，你就会每天不断地从别人身上学习，并在学习过程中掌握你最需要的重要知识和技能。这里有一个简短的自我诊断，可以帮助你开始并控制自己的发展。你可以在职业生涯中加以运用：

- 在对自己的性格、风格和知识进行自我评估后，明确哪里是自我成长的最大机会？你的强项是什么？是什么阻碍了你？你将如何在管理优势和劣势中找到正确的平衡？
- 在接下来的一年里，有哪些正式的和非正式的学习和提高机会可以为你提供你所发现的机遇？
- 你如何从不同的利益相关者那里获得更一致的反馈，并作为你的工作日常？你是否应该考虑请一个正式的教练或采取其他行动来获得持续的专业建议？
- 是否有特定的行业、功能会议，或其他你应该追求的新战略和市场知识的来源？哪一种投资的时间和金钱是有价值的？
- 你能否在你的行业中发展同行关系，或者创建一个实践社区，与从事你这种工作的其他专业人士进行集体学习并相互支持？
- 你有没有花时间反思、写下或与他人讨论你在个人成长中遇到的挑战和取得的成就？你经常这样做吗？
- 根据前面的问题，你能制订一个明确的整体计划来提高自己吗？你明年的计划是什么？你会为你的目标怎样安排优先级和时间？
- 你有什么样的规则来确保你的计划不会在每天繁忙的工作中被打乱？

分享你自己

"领导自己"实际上并不完全只关于你自己。你的成长也将受益于为他人（潜在的领导者或组织中的其他人、利益相关者等）的成长和福利做出的贡献，也会受益于为公民或社区组织做的志愿服务，或其他你个人感兴趣的事业。要想领导得好，你有时需要分享你自己。乍一看，这可能会分散你对日常优先事项的注意力。但聪明的领导者会从与他人分享中获得实实在在的回报，这是他们产生重大影响的关键部分。

培养他人的机会

领导者提高组织规模和绩效的一个重要策略是培养其他领导者，无论是优秀团队还是其他关键人物（正如我们在第三章中讨论的那样）。指导、建议和帮助其他高管,包括提升组织中的年轻员工,增加公司的整体技能和知识基础。只要有更多更强大的领导者团结在一起,就可以扩大任何组织的成就——无论是团队、个别单位、部门,还是整个企业。要明白即使你是首席执行官,也没有办法包办一切。所以当你越早发现并提供帮助,让其他领导者和你一起追求你正在努力的目标,长期结果就越好。同时,与其他优秀的领导者们在工作上协同配合,也会让你个人更有效率。

有些领导者可能不愿意在自己身边培养其他人,因为担心他们指导的人有一天会比他们更有价值,这样的不安全感会使得他们退缩。另一部分领导者则出于"希望手下人长期在身边工作"的自私心理,不想失去有价值的专业人士。担心他们一旦掌握了额外的技能,可能就会转向其他的工作机会。或者,还有一部分领导者这么做仅仅是糟糕的优先级划分所导致的结果,因为"培养身边的人"重要性不够,所以他们不想从日常的实际工作中抽时间做这么一件事而已。但是,放眼帮助其他人获得提升以及为未来建立更广泛的关系网络所带来的长期红利,就足以证明这些努力和风险是合理的。另外,一个好的领导者也从不会害怕帮助他人成长。

指导和培养其他专业人员的战略利益同样适用于合作伙伴或公司所依赖的价值链的其他成员。不要只把他们视为交易提供者,要考虑一下,帮助合作伙伴的领导者提高他们公司的业绩是否也会助你成功。例如,在20世纪90年代,丰田公司以投资培训其制造合作伙伴而闻名,这样合作后,他们都能在质量上取得重大飞跃。

拓宽视野

与我们共事过的许多领导者都很自信,他们被促进公共利益和帮助他人的广泛责任感激励。但是他们的志愿服务也加强了他们的领导力:帮助他们培养技能并扩大他们的个人网络。例如,麦肯锡的多米尼克·巴顿在"buildOn"(一个帮助贫民区学生从高中毕业的非营利组织)担任志愿者,同时担任布鲁金斯学会的受托人、斯隆·凯特琳纪念医院和其他社会和研究机构的董事,从而使自己保持敏锐。因此,他在日常工作之外还能接触到很多有趣的人、想法和创新。弗格森通过向史密森学会、美国艺术与科学学院、本科教育未来委员会和高等研究院提供咨询时间，完成了他对教育和研究部门的个人承诺，这是 TIAA 的核心使命。这种服务也建立了他与 TIAA 服务的各个领域的关键决策者的关系。

即使是个人兴趣，只要选择得当，也会对你作为领导者的成长有积极的帮助。史丹利百得公司的约翰·朗格伦是一名资深高尔夫球手，也是高尔夫设备公司 Call-away 的董事。正如他告诉我们的那样，"我热爱这项运动，但帮助那家公司解决一些非常具有挑战性的业务问题对我来说也很有意义"。

分享自我的指导原则

像多米尼克·巴顿、小罗杰·弗格森和约翰·朗格伦这样的成功领导者，经常被要求为自己的组织或其他组织提供建议或担任志愿者，就像他们在自己的组织中帮助年轻领导者发展一样。随着你事业的发展，你也会越来越需要别人的帮助。你将被迫不断决定何时以及怎样介入并帮助其他人和机构，你可能会考虑自己的短期或长期利益，或者因为某种回馈，或者为社会上有价值的机构做出贡献的一般责任感，又或者以上皆有。

那么，作为领导者，你应该如何做出这样的决定？除了日常工作，你应该在哪些地方，花多少宝贵的时间给别人？不得不再次提及的是，没有放之四海而皆准的答案，但这里有一些指导原则可以帮助你做出决定：

- **根据价值有所选择。** 你必须不断权衡什么时候对分享机会说"是"，什么时候说"不"，但要围绕一些明确而特设的标准来构建你的决策。评估你在做出贡献的过程中可能获得的个人价值和职业价值，无论是学习、发展新网络，还是其他一些短期和长期的发展经验。如果这对你来说没有立竿见影的好处，你仍然想说"是"，那你得清楚认识到是什么让自己觉得这仍然是一项值得的投资（为"大我"添砖加瓦没有坏处，但要认识到这是否是你真正想做的事情）。同时，要清楚这个机会是否需要你的特殊知识、技能或人际关系，以及提供这些东西是否真的能产生积极的影响。

- **集中精力发挥影响力。** 除非你能集中精力做别人要求你做的事情，否则不值得浪费时间。最好把精力集中在有限的一些人或机构上，在那里你可以做出有意义的贡献，而不是太分散自己的精力，或者只是在你的简历上写一份象征性的志愿服务清单。

- **让你的分享组合多样化。** 就像许多成功的领导者所做的那样，不仅要指导处于关键职位的关键员工，也要指导一些资历较浅或与你有着不同背景的人——仅仅是为了丰富你在做贡献时可能学到的经验。同样，也应该考虑让你志愿服务的外部组织种类的多样化，比如让你在其董事会任职，以丰富你可能遇到的问题范围和不同的关系网络。

- **不要回避偶尔的开放式贡献。** 尽管你应该评估你所带来的价值，以及你从分享机会中可能获得的东西，但有时在没有确定的投资回报率的情况下，做志愿者也是值得的。相信自己的直觉，如果有人或组织打电话给你需要帮助的时候，回答这个要求"似乎是正确的事情"。还要意识到，帮助别人和让自己进入新环境往往会带来意想不到的、有时是无关的机会，远远超出你刚开始时的猜测。在你的时间投资上不妨稍微投机一些，但注意不要过度。

思考问题：分享你自己

这里有一个简短的自我诊断，可以帮助你开始思考当别人要求你帮忙时如何回应，以及在什么地方主动把你的时间贡献给别人。

- 如今你是如何与他人分享你的知识、技能、人际关系或其他领导力资产的？你在哪里影响最大？为什么？你投入的时间在哪些方面产生了最大的影响？你帮助别人时带来的最大影响是什么？为自己带来的最大改变又是什么？

- 考虑到这一点，你是否会以及如何进一步扩大并更好地构建你对培养他人或帮助你所关心的组织或机构的贡献？清楚地说明你的理由，以及你将如何确保你的时间投资是最有效的。你的选择是否分布在不同的领域，以提供不同的经历和关系？你有没有在学习的多样性和不过于分散之间找到平衡？
- 是否有一些人、事业或机构是你很自然地想要以某种方式去帮助的，不管你能不能立即从这些帮助中获得什么？这些人是谁，机构是哪些？这体现了你的什么价值观和使命感？

照顾好自己

我们认识的高管们会公开谈论充满挑战的工作带来的压力和在动荡中保持自己的幸福感所面临的挑战。许多人提到，在日常工作中很难找到时间进行思考。另一些人则坦言，他们因为频繁出差、紧迫的最后期限或没完没了的客户要求经常熬夜，所以他们的饮食、健康和体力都因此受到了影响。还有一些人表示，由于时间的压力，他们无法尽力去回报社会。我们经常会听到领导者们说，他们发现很难有足够多的时间给到家人，或放在其他有意义的个人追求上。

你为发展你的组织和员工付出了巨大的努力，但谁又来照顾你，确保你不会筋疲力尽、生病，或者变得支离破碎，最终个人和职业全盘崩溃呢？如果你疲惫不堪、灰心丧气，忽视了自己是谁，自己在乎什么，那么你努力领导的员工和业绩也会受到影响。在家里，你可能有一个爱你的伴侣，在情感上做你的后盾；在工作中，你可能有一个出色的助手，让你按时完成工作。但他们都不能为你做到所有的事情，因此要成为一名优秀的领导者，你也必须照顾好自己。

个人策略

作为一名领导者，你有什么样的个人策略——或者你需要发展什么样的策略——既能保护自我又能充满活力？正如"个人"这个词所暗示的，你制定和遵循的策略必须至少在某种程度上适合你自己的喜好和需求。这里也没有简单而普适的范例。但我们可以找出一些自己知道的领导者为提升自身健康水平而建立起来的一般工作方法。许多案例告诉我们，在某些方面找到健康的解决方案是由领导者自己设计的——了解对他们来说重要的是什么，设定目标，加上如何实现这些目标（有时是与同事、家庭成员、能干的助手或以上所有人一起探讨并执行的），然后制定自己承诺遵守的机制和规则。他们对自己所做的事情是有意为之的，但通常会凭直觉遵循某些行为，这就是为什么我们从本章开始强调的"了解你自己"是如此重要。如果你能真正了解你是谁，你的个人优先事项是什么，什么对你比较重要，以及你想提高自己的哪些方面，"照顾好自己"就成了你要实现的又一个目标，进一步促进你在领导之路的成长。

为了帮助你设计自己的制度，让我们来看看领导者用来保持和提升自己的一些原则。

常规的交互

为了避免重复，尽量减少日常管理中不可避免的挫折，不要为工作中反复出现的任务重新设计流程或重复组合耗时的细节。例如，为了保持专注和管理她对时间的需求，道富公司的简·柯克兰为她负责的每一个项目安排了定期的标准化审查（就像第四章中讨论的运营审查一样）。柯克兰还坚持只在专门的会议上处理有争议的问题，这样它们就不会干扰其他工作会议的关键点。

划分你的工作时间

许多成功的领导者有意划分他们的时间表，以减少碎片化时间和断断续续的问题解决。挪威石油地质服务公司（Petroleum Geo-Service，PGS）的总裁兼首席执行官卢恩·奥拉夫·佩德森会在专门的办公时间处理下级同事的请求，并拒绝参加任何他不一定要参加的会议。我们认识的许多领导者也经常在上午 9 点之前关闭日程，不接电话也不开会，以便给自己留出必要的时间来思考、写作或提高个人生产力，比如计划一天的工作或回顾关键运营目标的进展。

划分工作之外的时间

和许多想在工作之外为社会做贡献的人一样，多米尼克·巴顿会安排时间在麦肯锡之外的特定组织定期工作，然后让他的助理围绕这个特定的分配安排他的年度计划。其他人则采取类似的方法来维护家庭纽带。安妮·马尔卡希教导她在施乐公司的同事和下属，除非是真正的紧急情况，否则他们不应该在周末给她打电话，因为那是她在家陪丈夫和孩子的时间。随着时间的推移，她成功地加强了这些界限，尽管这往往意味着，随着她的职责变得越来越复杂，她不得不承担更多的责任。塔玛拉·朗格伦和约翰·朗格伦夫妇都是不同公司的首席执行官，他们每个周末都尽量安排好与下属和客户的面对面商务会议，包括共进晚餐，有时甚至会一直持续到深夜。

简化你的决策并优先考虑

面对过多选择和信息的大脑会很疲倦，就像你在一个小时内做太多俯卧撑一样。在《哈佛商业评论》的一篇文章"无聊是有成效的"中，罗伯特·波曾总结了这项研究，并讲述了巴拉克·奥巴马的故事，他总是穿灰色或蓝色的西装，这样他就可以"减少决策成本"，把注意力集中在他每天将面临的真正实质性的选择上。观察那些需要面对种种问题的高效高管，你会经常听到他们说："这不是我需要做的决定。"因为要么是有更接近问题所在的人可以将其处理，要么是结果的利弊在做出正确判断所需的繁复面前不值一提。试着用同样的原则对其他决策和需求进行适当的优先级排序。因为虽说你是一个领导者，但那并不代表所有事都需要你亲自做决策。

寻找能恢复精力的工作和活动

近年来，研究人员越来越关注个人能量在领导力中的重要性，以及更广泛的组织集体能量。尽管这些事情看起来是无形的，但你在一项任务中所带来的活力（包括身体上的和心理上的）以及你在其他人中间创造出来的活力，会极大地影响你所取得的结果。正如托尼·施瓦茨和凯瑟琳·麦卡锡在《哈佛商业评论》的经典文章"管理你的精力,而不是你的时间"中所描述的那样。毫不奇怪,大多数高效的领导者都会在他们的日程安排中设置例行公事或活动,以恢复他们的精力,并为其他人设定节奏。

对许多领导者来说,他们可能还会从养成每天锻炼的习惯开始,而不管自己有什么日程安排或旅行(约翰·马丁、安妮·马尔卡希和我们合作过的许多人都是这样)。或者做一些更简单的事情,比如在办公室正式开门前的第一个小时进行冥想,练习正念,或者在午餐时间定期在阳光下散步。

一些为领导者建立和恢复能量的策略,源于选择或设计你的工作内容。如果某些任务或会议特别让你拖后腿,考虑是否可以把它们委派出去或从你的日程安排中移走(诚然,答案有时是不可以的,但至少问问你自己)。TIAA 的罗杰·弗格森放弃了一些高管任务,不仅因为他知道自己在这些工作上不如在更具战略性的工作上做得好,还因为这样会把他太多的精力从他认为自己能产生最大影响的领域转移掉。也可以考虑制定一个时间表,让你至少能做一些你喜欢的工作。多米尼克·巴顿即使在担任麦肯锡全球管理合伙人的繁忙任期内,也坚持只服务几个客户,"因为这既能让我了解我们战略的核心,又能让我继续解决我真正喜欢的具有挑战性的问题"。

实现更广泛的平衡

尽管这些策略有助于领导者的个人健康并提高效率,但大多数高管也承认,照顾好自己不仅仅可以提高工作效率。作为一名领导者,照顾好自己最终还必须认识到如何让你的工作与生活的其他部分相适应。你如何在个人事务、职业事务和社交事务的不同领域中区分轻重缓急?你如何才能最好地将它们组合在一起,并在它们之间实现某种整体的和谐?

正如我们说过的,明确你的个人优先事项总是个好开端。了解什么对你来说是真正重要的,其边际在哪里,你将就此如何分配你的时间,这是任何领导者都应该遵循的原则。如果你认为工作、家庭、个人成长或兴趣、精神生活等方面都一样重要,并付出行动,那么你实际上是在说你没有什么真正的优先级。

正如罗恩在《哈佛商业评论》的一篇文章"微不足道的决定如何影响你

的幸福"中所写的那样，一旦你在工作中取得了成功，那么工作上的吸引力会不断迫使你在工作之外的生活中做出一个又一个的小妥协——错过孩子的学校音乐会，放弃你发誓要参加的教堂或家庭活动等。这倒不是不能接受，只是前提是你有意如此分配你在这个世界上的时间，但也许不断变化的妥协并不适合你。你能诚实地回答你对这些选择的看法吗？你能更有意识地识别并采取对你来说最有意义的偏好吗？

许多领导者都不能清楚地告诉自己，他们真正的首要任务是什么。作为领导者，你有权利也有义务选择在你的生活中保持怎样的平衡。但你得清楚自己想要什么。无论你是在照镜子、与高管教练交谈，还是在为自己的人生计划写下目标，都要诚实地面对以下问题：

- 我想在个人成功和职业成功之间取得怎样的平衡？
- 如果我必须在两者之间做出选择，我认为哪一个更重要？为什么？
- 我在每一个领域都有什么具体的目标？
- 我在考虑该如何有意地把它们替换掉？

一旦你形成了答案并可以放心地说它们都是正确的，并且在你的实际行动中是可见的——你就可以开始制定务实的策略来实现这些目标了。在某些情况下，你的策略可能是一些简单的规则，关于什么时候家庭优先，什么时候工作优先，以及什么时候破例的理由。在其他情况下，你可以用一个结构化的时间表或一系列承诺来制度化你的优先事项，并定期与你的高管教练或导师一起回顾。无论你的方法是什么，关键的一步是了解你的目标，并有一个具体的计划，无论多么简单，都要让自己对这些目标负责。

毫不奇怪，许多聪明人都在探索如何在生活和工作中的不同目标之间找到正确的平衡或更充分的融合。如果你想在计划上更有雄心，而不仅仅是简单地绘制一个基本的工作与生活平衡图，那么你可以很好地利用一些最近经过深思的研究。《哈佛商业评论》文章中的两个框架是很好的选择，将在下一节中介绍。

整合：全面领导

在《哈佛商业评论》的一篇文章"做一个更好的领导者，拥有更丰富的生活"中，斯图尔特·弗里德曼提出了一个由工作、家庭、社区和自我（即思想、身体和精神）四个生活的"领域"构成的框架。这些与我们从合作过的领导者那里反复听到的一系列问题非常吻合。

弗里德曼认为，领导者不应该仅仅实现工作与生活的二元平衡，更应该通过在所有四个领域建立动态整合，努力实现"全面领导力"。他建议领导者遵循解决问题和"实验过程"。首先，与每个领域的关键利益相关者交谈（例如，在工作中，与同事和下属交谈；在家里，和家人在一起交谈；等等）。通过讨论来了解你是谁，什么对你来说是重要的。其次，确定个人目标，并据此评估你的满意度。然后，随着时间的推移，培养新的习惯，接受新的机会，或创造其他生活变化，帮助你朝着你在四个领域中定义的目标前进。

随着你的实验越来越成功，你会发现有更多的机会来统一这四个领域的活动和目标，并开始在你的个人生活和职业生活中实现更大的和谐。弗里德曼强调，在任何一个领域的成功都可以促进在其他领域的成功：例如，通过在社区环境中与不同的人才和支持者练习你的领导力，你可以让自己在工作中获得类似的能力。

泰丰资本的首席执行官安德鲁·盖奇（我们在书中早些时候提到过他）描述了一个类似的多年来照顾好自己的方法：

每年一次，我都会坐下来审视自己生活的五个方面——个人健康状况、与家人的关系、与朋友的关系、对社区的贡献以及工作上的成就。我这样做已经有很长一段时间了，每年我都试着有意识地决定我想要在哪里投入更多或更少的时间和精力，以及可能需要做哪些权衡。然后，我与几个值得信赖的朋友和导师分享并讨论这五个话题。它从来都不是一个完美的五边形，它每年都在变化，这取决于家庭、工作或我自己的健康状况。这不是一个完美的框架，但它给了我在不同时间反思和调整所有优先事项的规则。

设定方向：衡量你的人生

哈佛大学著名战略家克莱顿·克里斯坦森在其《哈佛商业评论》里程碑式的文章"你将如何衡量你的生活？"中提出了一个不同但可比较的框架。克里斯坦森建议，作为一名领导者，你应该确定一些基本的指标，这些指标可以从整体上定义你的生活是否成功。他关注了三个问题：我怎样才能在我的职业生涯中感到快乐？我怎样才能确定我和家人的关系是幸福的持久源泉呢？我怎样才能正直地生活？克里斯坦森认为，就像你为一个组织所做的那样，通过为每一个领域设定并刻意执行战略，你可以在每一个领域获得尽可能好的结果。

无论你的抱负和工作与生活的融合程度如何，照顾好自己的重要性并不亚于我们在本章中讨论的其他领导力要素，所以不要将其忽视！我们现在以另一组问题来结束，以帮助你开始练习这个要素。

思考问题：照顾好自己

你对当下的工作的满意度如何？可以从以下几点进行衡量：
- 你的个人效率如何？你如何分配你的时间和优先考虑你的日程？
- 如何管理来自员工、客户、其他利益相关者的诉求？
- 如何在做与想之间找到正确的平衡？
- 怎样真正理解工作生活和非工作生活的相对优先级？
- 有机会一直保持健康和精力充沛吗？
- 工作之余有足够的时间陪伴家人或朋友吗？
- 有足够的时间参加你关心的社会、社区或其他公民组织吗？
- 有机会追求精神进步或参与个人宗教信仰活动吗？

复习你对问题的回答。想想每一个问题，尤其是你的满意度不高的问题：
- 今天是什么阻碍了你获得更高的满意度？
- 你可以通过哪些改变、机制或新准则来改善自己的状况？
- 是否有同事、下属、助理、私人教练等，可以帮助你设计并支持你的改进策略？
- 你将如何衡量你的进步？你如何定期回顾你的进步以纠正方向并随着时间的推移而提高？

对你来说，领导自己的实践有时是一个非常孤独的旅程。但这对你的个人成功以及你的领导力所涉及的其他人来说都是至关重要的。许多领导类书籍的开头和结尾都是本书的结尾：关注自我理解、批判习惯以及领导自己的其他个人方面。我们希望你们把实践的这些方面看作达到目的的手段，而不是目的本身。通过发展自我，你会发展出实现集体组织效应的能力，然后再次通过与他人合作实现共同目标来产生更大的影响。

思考问题

- **了解你自己**。为了更好地了解你自己，你应该问哪些关键问题？你对性格、风格或技能的自我评估有信心吗？获得一个外部视角会有什么帮助？
- **自我成长**。你喜欢哪种学习方式？阅读、课堂学习、在职学习，还是作为学员学习？你是否找到了最大化这种学习方式的方法？你是否为未来的一两年或三年制定了明确的学习目标，并制订了实现目标的计划？
- **与教练一起工作**。你是否有一位高管教练或导师可以帮助你长期发展？如果是的话，你是否得到了你所需要的坦率的、有时具有挑战性的信息？如果你找不到教练，你的朋友或同事能帮你克服这个困难吗？
- **分享你自己**。你是否在公司内部或外部指导其他人？你是否花时间培养其他领导者？你从帮助别人成长中学到了什么？
- **超出本职的贡献**。你在哪些方面做出了超出当前工作或目前公司范围的贡献？你能通过志愿服务或参与公民活动来拓宽你的视野并接触到新的思维方式吗？
- **照顾好自己**。你是如何平衡你的工作、家庭、朋友和活动的？你是明确了这些权衡，还是让它们只是随着时间的推移而发生？
- **恢复精力和保持幸福感**。随着职业生涯的发展，你在身体上和情感上都做了些什么来照顾自己呢？在紧张的工作之后，你有办法定期恢复精力吗？

- **衡量你的生活并找到平衡。**你个人衡量成功的标准是什么？不仅仅是一周、一月、一个季度或一年，而是你的整个生活和事业？作为一个领导者，当你继续前进的时候，你将如何正确看待这些标准呢？你能做些什么来找到更好的平衡，或者花更多时间将它们进行融合？

结论

把一切放在一起

让我们回顾一下在引言部分提到的那三位正在崛起的领导者。如果你像营销主管琳达一样，想知道成为一名领导者是否需要某种神秘的性格转变，那么你现在知道了——并不需要，它建立在你作为管理者已经做的工作之上。如果你像琳达的朋友萨姆一样，刚被任命为一家非营利组织的首席运营官，认为领导力意味着更努力地工作，那么你现在就知道这是不对的——它是关于学习如何号召他人，找到方法来调动和利用你的团队，从而获得更广泛的组织成效。如果你像娜塔莉一样，为开办自己的公司而焦虑，你现在就会明白，你可以把经营一个大组织的复杂挑战分解成可管理的实践，并根据你能产生最大影响的地方来优先考虑这些挑战。因此，关于领导力，你是一定可以达成的。

那么，在本书即将结尾之际，我们将贯穿本书的几个主要主题进行归纳总结，希望它们能在你反思并落实这些实践时对你有所帮助。

领导力很重要

显然，人类的进步不是自动发生的。诚然，有些计划可能是自行组织的，偶然的机会和运气在任何结果中都发挥着作用，但如果没有领导力，大而重要的事情就无法完成。如果没有塞莱娜·玛西亚的推动，XL保险公司的北美财产和意外伤害险业务将永远无法再次增长。同样作为领导者，吉姆·史密斯则以远见卓识、丰富的经验和使命感，成功带领汤森路透更加专注于增长和创新。

我们并不是说没有其他人可能取得类似的结果，也不是说这些领导者中的任何一位都一定会成功。相反，我们希望你理解，正如我们的案例和实践讨论中所表明的那样，巨大而复杂的挑战需要许多人的共同努力才能解决，而我们需要领导者来激励和协调这种努力。这些挑战将是你成为一个与众不同的领导者的机会。不要等着被别人选中，抓住时机，让自己成为领导者。

大胆思考，放眼未来

抓住领导机会，发挥领导作用，实际上需要勇气，也需要有管理超越日常和短期基本任务的能力。还记得我们在书中多次提到的麦肯锡全球管理合伙人多米尼克·巴顿吗？在我们的谈话中，他说管理者负责铁轨，但领导者会改变轨道、改变边界，并重新定义方向。换句话说，领导者的思维过程更宏大、更大胆、更有前瞻性。要成为一名领导者，你需要像一个伟大的棋手一样预测接下来的十步，并针对对手的玩法迅速进行调整。

当然，这并不意味着你应该只关注未来而完全忽略当前的挑战。相反，你的客户、员工、投资者和合作伙伴都指望你着眼于当下，确保你在做着需要做的事情来获得良好结果。但是在着眼当下的时候，你依然可以通过观察下一步要做什么，以及之后要做什么，来逐渐成为领导者。

你可以把这个思维过程应用到管理的许多方面，以阐释领导力的与众不同。例如，当你为自己和团队设定年度（或季度、月度）目标时，要超越普通的增量改进目标。想想你需要做些什么来加速实现公司的愿景，以及在你的领域可以做出什么贡献。然后激励你的员工，让他们达到一个全新的业绩水平。这不仅会拓展他们的能力，还会引起其他人的注意。当你和你的团队一起努力实现这些目标时，帮助他们优先考虑哪些是重要的，哪些是不重要的，促进与其他领域的合作，并教会每个人如何作为一个团队成员来工作。当以上这些开始实施后，你就可以开始思考下一波改进和超越计划了。换句话说，抓住你已经掌握的领导机会，然后不断放眼未来。

但也要有勇气放手

领导者需要有勇气抓住机会，但在追求机会的过程中，也需要有勇气去信任别人，而不是孤军奋战。忙碌会产生一种心理上的舒适感，但也会产生一种总是被需要的人为感觉——这会让你没有多少时间发挥真正的领导力。

如果对于任何重大挑战你都坚持独自面对，那最终会让你心力交瘁。学会放权给他人，例如，把必须完成的关键任务交给团队成员，并与其他致力于同一个大目标的领导者和专业人士分担责任，而不是事无巨细、亲力亲为。

同时，要学会深入组织内部，寻找解决问题的好主意和新方法，接受自下而上的解决方案，甚至是来自组织外部的解决方案。如今，越来越多的领导者开始接受"大众智慧"。

的确，当你冒险放手时，你得承担一定的风险——你信任的能帮你完成工作的同事可能做得没有你想象得那么好。有些人可能认为你的放权是你自己软弱无能的标志。的确，如果下放权力、信任更多资历较浅的员工或有才华的外部人员会让你觉得自己不是真正的负责人，还会给你带来身份危机隐患……但是要取得巨大的影响力，总是要冒一些风险。作为领导者，你必须考虑相反的、通常是更糟糕的后果——比如，你没有采用最好的想法；因为他们没有机会做出自己的贡献而打击同事的积极性；因为你想独自控制一切而成为瓶颈。

作为一名领导者，你必须了解自己，锻炼自己，相信你所能安排的最佳组织方法。正因如此，安妮·马尔卡希在领导施乐公司转型时，乐于任用几位具备自己所缺乏技能的强大战略思想家；吉姆·沃尔芬森在制定新愿景时，超越了自己的管理团队，与世界银行更广泛的团体进行了接触；

小罗杰·弗格森放弃了一些运营工作，因为这些工作可能会分散他对 TIAA 发展的注意力。

激励和要求

尽管存在风险，但保有远大的梦想并有勇气去追求这些梦想，对领导者来说是必不可少的。但你也需要向别人分享你的梦想、愿景和目标。领导力是通过他人创造重大影响，但这些人必须被激励着去执行。你不能只是告诉你的人该怎么做，然后一走了之。他们需要了解你想要完成什么，他们的工作如何有助于实现更大的目标，以及这个更大的目标将如何对他们、对你的客户，甚至对整个世界产生影响。你领导的人需要受到鼓舞、激励和挑战，否则他们不会追随你，当你不在身边时，他们也不会做出支持愿景的良好决定。"BHAG"（大胆的、刺激的、雄心勃勃的目标）和"延伸目标"不仅仅是看起来高大上的术语，它们也是让你的团队和组织更上一层楼的重要领导工具。

然而，让每个人都充满活力是不够的。一旦你的团队意识到实现这个目标并不容易，这需要艰苦的、创造性的和坚持不懈的努力，你还必须持续提供激励。领导者相信他们的员工，相信他们可以取得比他们自己想象得更多的成就。20 世纪 50 年代的音乐剧《窈窕淑女》中著名的"皮格马利翁效应"值得我们学习：如果你希望你的员工成功，他们就更有可能达到你的期望。相反，如果你不断猜测和怀疑他们，你的员工就会失去信心。

不过，你需要用强烈的要求来缓和鼓励。你必须让你的员工清楚地知道，他们必须在前进的道路上取得成果，光靠努力是没有回报的。对于领导者来说，在激励和要求之间找到正确的平衡是一个持续的紧张问题，也是你在整个职业生涯中都必须努力解决的问题。成为每个人都喜欢的好人、啦啦队长和友善的领导者总是很诱人的。而像达伦·沃克在福特基金会所做的那样则更难：直视人们的眼睛，告诉他们，他们的表现是不可接受的，或者他们需要提升自己的技能，如果他们不做出改变，就会被追究责任。

但如果你两者都不做，你就会得到一个快乐但什么都做不成的团队，而这当然不会让你、你的客户和你的投资者感到满意。

从失败中学习

勇气和冒险，以及鼓舞人心和要求苛刻，当然是领导者的关键美德，但一定程度的谦逊也同样重要。大胆的大动作和信任他人有时不会奏效，甚至会更糟，变成灾难。

所有的领导者都会遇到挫折，关键是要有从失败中学习的心态，并有恢复的能力，然后更机智、更有经验地迎接下一个挑战。随着时间的推移，如果你一直在努力，你就会成为一个更好的领导者。因此，多米尼克·巴顿在韩国学习建立麦肯锡业务时所采取的反复试验的方法，决定了他成功转型麦肯锡的合作战略。约翰·朗格伦和他的团队从一次严重失败的欧洲收购中吸取教训后，为史丹利百得公司制定的增长战略取得了更大的成功。

创建一个思想一致的组织

作为一个领导者，你必须勇于冒险、勇于挑战、勇于学习，但你也必须建立一个集体组织，让他们和你一样充满激情、忠诚、专注于业绩。简单地说，你的目标就是专心致志地追求卓越。伟大的领导者孜孜不倦地工作，激励和团结广大人民群众，以实现个人无法实现的目标。

领导人通过多种方式来实现这一目标：创造一个所有人都能看到并相信的、共同的、激励人心的愿景，就像沃尔芬森在世界银行所做的那样。通过讲故事，并将一个组织面临的绩效挑战放在背景中，让每个人都明白变革的紧迫性，就像福特基金会的沃克向他的员工倡导为数字世界带来社会正义的必要性那样。或者像马尔卡希那样，一遍又一遍地向不同的员工群体解释他们如何以新的方式以及具体工作来拯救施乐公司。

成功的领导者还会为表现行为和期望创造广泛的文化期望，以实现整个团队的"上下同心"。例如，回想一下 NCR 的前总裁马克·本杰明，他坚持给他的直接下属提供极其真诚同时富有建设性的反馈，这样这些经理就可以反过来给他们的员工提供同样的反馈，以此类推。

优秀的领导者会综合、情境化，并帮助为组织中的每个人创造意义。他们也会为企业注入取胜的能量和激情。

把合众为一作为你的领导议程

在本书中，为了便于学习，我们以一种孤立的方式研究了领导力的各种实践和其他元素。我们所禁止的一些事情可能看起来相互矛盾：例如，鼓舞和激励员工的重要性，但也必须直面他们、给予他们严厉的绩效反馈。坚持不懈地取得成果和近期绩效，但也要拥抱未来的实验和机会。要大胆、勇敢，但有时也要靠边站，让别人来领导。我们并不是第一个提出领导力必须兼顾思考的人。

最终，作为一个领导者，你必须努力在你所做的和所看到的每一件事的不同部分中，找到并不断为他人阐释一些有意义的和可操作的联合：不同的实践、不同的想法，以及昨天和今天之间的情况变化。

归根结底，领导力必须是"合众为一"（美国的格言）的一种行为。你不需要分别进行这六种实践和其中的许多步骤。作为一名成功的领导者，你必须把所有的实践结合起来。但如何结合它们取决于你自己：这将取决于你所在组织的背景、你的技能和你的抱负。从长期来看，随着你成为一名领导者，随着你的实践、学习和改进，你结合它们的方式每天都会改变。

但是，领导力不仅仅是创造愿景、制定战略和让优秀人才加入的集合。当你领导你的组织时，你在含蓄而明确地构建一个反映你的价值观和你的抱负的组织体系。用苹果公司创始人乔布斯的话说，这样做可以让你"在宇宙中留下一个印记"。认识到这一切都是值得的，你的领导力实践将成为你对世界产生影响的最佳方式。

拓展阅读

导言

什么是领导力？

约翰·科特：《领导者真正该做的是什么》，2001年12月发表于《哈佛商业评论》。

亚伯拉罕·扎莱兹尼克：《管理者和领导者：他们有何不同？》，2004年1月发表于《哈佛商业评论》。

第一章 构建统一的愿景

罗纳德·海菲茨与唐纳德·L.劳瑞：《领导力的工作》，2001年12月发表于《哈佛商业评论》。

赫敏尼雅·伊贝拉：《女性与愿景》，2009年1月发表于《哈佛商业评论》。

什么是愿景？

吉姆·柯林斯与杰里·波拉斯：《构建你公司的愿景》，1996年9月至10月发表于《哈佛商业评论》。

凯文·劳斯：《成功的初创企业不把赚钱作为首要任务》，2015年7月10日发表于《哈佛商业评论》官网。

构思你的愿景

利奥尔·阿鲁西：《下一步就是现在：拥抱变革的5个步骤——建立一个在未来蓬勃发展的企业》，2018年发表于纽约北极星之路出版社。

丹·凯布尔：《创造性的职位头衔可以激励员工》，2016年5月发表于《哈佛商业评论》。

詹姆斯·库泽斯与巴里·波斯纳：《领导、创造一个共同的愿景》，2009年1月发表于《哈佛商业评论》。

第二章 制定战略

彼得·德鲁克：《商业理论》，1994 年 9 月至 10 月发表于《哈佛商业评论》。

琼·马格雷塔：《吉姆·柯林斯遇上迈克尔·波特》，2011 年 12 月 15 日发表于《哈佛商业评论》。

定义战略

史蒂夫·布兰克：《为什么精益创业改变一切》，2013 年 5 月发表于《哈佛商业评论》。

A. G. 拉夫利与罗杰·马丁：《为了胜利而战：战略如何发挥作用》，2013 年出版于波士顿《哈佛商业评论》出版社。

保罗·雷旺德与凯撒·曼纳迪：《一致性溢价》，2010 年 6 月发表于《哈佛商业评论》。

罗杰·马丁：《我怎么知道美国在线时代华纳注定要失败（不，真的!）》，2010 年 11 月 2 日发表于《华尔街日报》。

安德鲁·麦卡菲与莫那·阿诗娅：《Webvan 商行案例 602-037》（修订版），2006 年 5 月 10 日发表于波士顿哈佛商学院。

丽塔·冈瑟·麦格拉思与伊恩·麦克米伦：《发现—驱动的规划》，1995 年 7 月至 8 月发表于《哈佛商业评论》。

安德里亚·欧文斯：《战略是什么？》，2015 年 5 月 15 日发表于《哈佛商业评论》官网。

迈克尔·波特：《什么是战略？》，1996 年 11 月至 12 月发表于《哈佛商业评论》。

迈克尔·波特：《塑造战略的五种竞争力量》，2008 年 1 月发表于《哈佛商业评论》。

了解你当前的状况

克莱顿·克里斯坦森、约瑟夫·鲍尔：《颠覆性技术：抓住潮流》，1995 年 1 月至 2 月发表于《哈佛商业评论》。

克莱顿·克里斯坦森、迈克尔·E. 雷诺、罗里·麦克唐纳：《什么是颠覆性创新？》，2015 年 12 月发表于《哈佛商业评论》。

马克·约翰逊、克莱顿·克里斯坦森、孔翰宁：《重塑你的商业模式》，2008 年 12 月发表于《哈佛商业评论》。

确定在哪里竞争和如何竞争的选择

罗恩·阿什肯纳斯：《你真的准备好收购了吗？》，2013 年 2 月 6 日发表于《哈佛商业评论》官网。

劳伦斯·凯普伦与威尔·米切尔：《企业成长的动力：内增、外借还是并购》，2012年出版于波士顿《哈佛商业评论》出版社。

克莱顿·克里斯坦森等：《新的并购策略》，2011年3月发表于《哈佛商业评论》。

托马斯·达文波特与布鲁克·曼维尔：《从对领导的判断到对判断的领导：英雄决策的谬误》，2012年秋季发表于《领导者对领导者》杂志。

琼·马格雷塔：《理解迈克尔·波特：竞争和战略的基本指南》，2011年出版于波士顿出版社。

米切尔·李·马克斯、菲利普·莫维斯与罗恩·阿什肯纳斯：《幸存的并购》，2017年3月发表于《哈佛商业评论》。

评估选择，让利益相关者参与进来

罗恩·阿什肯纳斯、洛根·钱德勒：《更好的战略规划的四个技巧》，2013年10月1日发表于《哈佛商业评论》官网。

托马斯·达文波特：《如何设计智能商业实验》，2009年2月发表于《哈佛商业评论》。

分配资源并管理实施

大卫·科利斯与迈克尔·拉克斯塔德：《你能说出你的战略是什么吗？》，2008年4月发表于《哈佛商业评论》。

肯·法瓦罗：《定义战略、实施和执行》，2015年3月31日发表于《哈佛商业评论》官网。

加里·尼尔森、卡拉·马丁与伊丽莎白·鲍尔斯：《成功的战略执行》，2008年6月发表于《哈佛商业评论》。

第三章　招募优秀人才

组建你的领导团队

克劳迪奥·费尔南德斯-阿拉奥斯：《21世纪的人才发掘》，2014年6月发表于《哈佛商业评论》。

丹尼尔·戈尔曼：《是什么造就了领导者？》，2004年1月发表于《哈佛商业评论》。

丹尼尔·戈尔曼、理查德·博亚齐斯与安妮·麦基：《原始领导力：优秀绩效的隐藏驱动力》，2001年12月发表于《哈佛商业评论》。

马丁·哈斯与马克·莫滕森：《伟大团队合作的秘密》，2016年6月发表于《哈佛商业评论》。

协调团队的组织

罗恩·阿什肯纳斯、戴夫·乌尔里希、托德·吉克与史蒂夫·科尔：《无边界组织：打破组织结构的枷锁》，2002年出版于旧金山约塞巴斯出版社。

艾米·C.埃德蒙森：《快速的团队合作》，2012年4月发表于《哈佛商业评论》。

乔恩·卡岑巴赫与史密斯·道格拉斯：《团队纪律》，1993年3月至4月发表于《哈佛商业评论》。

布鲁克·曼维尔：《如何同时成为横向领导者和纵向领导者》，2017年6月28日发表于《福布斯》网站。

戴夫·乌尔里希、史蒂夫·科尔与罗恩·阿什肯纳斯：《通用电气的工作：如何实施通用电气的革命性方法来打破官僚主义和攻击组织问题——快！》，2002年出版于纽约麦格劳希尔出版社。

用绩效反馈

马库斯·白金汉与阿什利·古德尔：《重塑绩效管理》，2015年4月发表于《哈佛商业评论》。

彼得·卡普利与安娜·塔维斯：《绩效管理革命》，2016年10月发表于《哈佛商业评论》。

拉古·克里希纳穆尔蒂：《通用电气人才评估系统的秘密武器》，2014年4月17日发表于《哈佛商业评论》官网。

让-弗朗索瓦·曼佐尼：《传递坏消息的更好方式》，2002年9月发表于《哈佛商业评论》。

莫妮克·瓦尔库尔：《如何给出帮助员工成长的强硬反馈》，2015年8月11日发表于《哈佛商业评论》官网。

促进员工的学习和发展

迈克尔·比尔、马格努斯·芬斯特伦与德里克·施拉德尔：《领导力培训为什么失败，以及如何应对》，2016年10月发表于《哈佛商业评论》。

马提亚·贝尔曼与罗伯特·谢弗：《让管理者自由创新》，2001年6月发表于《哈佛商业评论》。

分享你的激励哲学

史蒂夫·科尔：《最佳激励计划》，2003 年 1 月发表于《哈佛商业评论》。

塑造执行战略的文化

艾莉森·比尔德：《CEO 不应该试图体现公司文化》，2016 年 7 月至 8 月发表于《哈佛商业评论》。

乔恩·卡岑巴赫等：《持久的文化变革》，2012 年 7 月至 8 月发表于《哈佛商业评论》。

第四章　专注于结果

关注 XL 保险公司的业绩

苏珊·斯克拉法恩：《XL 保险公司的塞莱娜·玛西亚：建立合作文化》，2013 年 9 月发表于《载体管理》。

设定高绩效目标并让员工对其负责

罗伯特·谢弗：《要求更好的结果——并得到它们》，1991 年 3 月至 4 月发表于《哈佛商业评论》。

简化组织流程，降低复杂性

罗恩·阿什肯纳斯：《以简为本的管理》，2007 年 12 月发表于《哈佛商业评论》。

在取得成果的同时培养能力

特蕾莎·阿玛比尔与史蒂文·克莱默：《小胜利的力量》，2011 年 5 月发表于《哈佛商业评论》。

罗素·艾森史泰特、伯特·斯佩克特与迈克尔·比尔：《为什么变革计划无法产生变革》，1990 年 11 月至 12 月发表于《哈佛商业评论》。

纳迪姆·马塔与罗恩·阿什肯纳斯：《为什么好项目总会失败》，2003 年 9 月发表于《哈佛商业评论》。

丹尼尔·麦克金：《公司可以从军事团队中学到什么》，2015 年 8 月 6 日发表于《哈佛商业评论》官网。

罗伯特·谢弗：《成功的变革始于结果》，1992 年 1 月发表于《哈佛商业评论》。

保持组织纪律

拉姆·查兰：《你不能当懦夫——做出艰难的决策》，2013 年 11 月发表于《哈佛商业评论》。

托马斯·达文波特与布鲁克·曼维尔：《决策判断：12 个关于重大决策和做出正确决策的团队的故事》，2012 年出版于波士顿《哈佛商业评论》出版社。

卡罗琳·杜瓦与斯科特·凯勒：《打造高绩效文化的三个步骤》，2012 年 1 月 26 日发表于《哈佛商业评论》官网。

罗伯特·卡普兰与大卫·诺顿：《平衡计分卡：驱动绩效的指标》，2005 年 7 月至 8 月发表于《哈佛商业评论》。

罗伯特·卡普兰与大卫·诺顿：《把平衡计分卡放进工作》，1993 年 9 月至 10 月发表于《哈佛商业评论》。

第五章　为未来而创新

吉姆·柯林斯、杰里·波勒斯：《基业长青：企业永续经营的准则》，1994 年出版于纽约哈珀柯林斯出版社。

维贾伊·戈文达拉扬：《企业生存的可怕真相》，2016 年 12 月发表于《哈佛商业评论》。

布莱斯·霍夫曼：《美国代表：艾伦·穆拉利与拯救福特汽车之战》，2012 年出版于纽约皇冠出版社。

平衡现在和未来

斯科特·安东尼、克拉克·吉尔伯特与马克·约翰逊：《双重转型：如何在创造未来的同时重新定位今天的业务》，2017 年出版于波士顿《哈佛商业评论》出版社。

克莱顿·克里斯坦森：《创新者的困境：当新技术导致伟大的公司倒闭》，1995 年出版于波士顿《哈佛商业评论》出版社。

史蒂夫·科利：《持久的理念：增长的三个层面》，2009 年 12 月发表于《麦肯锡季刊》。

维贾伊·戈文达拉扬：《三个盒子解决方案：引领创新的战略》，2016 年出版于波士顿《哈佛商业评论》出版社。

维贾伊·戈文达拉扬与克里斯·特林布尔：《CEO 在商业模式重塑中的作用》，2011 年 5 月发表于《哈佛商业评论》。

罗伯特·谢弗、罗恩·阿什肯纳斯：《快速结果：百日项目如何构建大规模变革的能力》，2005 年出版于旧金山约翰·威利父子出版社。

塑造未来

朱利安·伯金肖与马丁·哈斯：《提高你的失败回报率》，2016 年 5 月发表于《哈佛商业评论》。

史蒂夫·布兰克：《为什么精益创业改变一切》，2013 年 5 月发表于《哈佛商业评论》。

克莱顿·克里斯滕森、迈克尔·奥弗多夫：《应对颠覆性变革的挑战》，2000 年 3 月至 4 月发表于《哈佛商业评论》。

玛丽莲·达林、查尔斯·帕里与约瑟夫·摩尔：《在最艰难的时刻学习》，2005 年 7 月至 8 月发表于《哈佛商业评论》。

维贾伊·戈文达拉扬：《有计划的机会主义》，2016 年 5 月发表于《哈佛商业评论》。

马克·约翰逊：《重塑你的商业模式》，2009 年 10 月发表于《哈佛商业评论》。

丽塔·冈瑟·麦格拉思与伊恩·麦克米伦：《发现—驱动的规划》，1995 年 7 月至 8 月发表于《哈佛商业评论》。

拥抱未来

多米尼克·巴顿、詹姆斯·马尼卡与莎拉·基奥恩·威廉姆森：《数据：长线投资的回报》，2017 年 5 月至 6 月发表于《哈佛商业评论》。

罗纳德·海菲茨与唐纳德·L. 劳瑞：《领导力的工作》，2001 年 12 月发表于《哈佛商业评论》。

约翰·科特：《领导变革：为什么转型工作会失败》，2007 年 1 月发表于《哈佛商业评论》。

第六章 领导自己

了解你自己

尼克·克雷格与斯科特·斯努克：《从目的到影响》，2014 年 5 月发表于《哈佛商业评论》。

彼得·德鲁克：《自我管理》，1999 年 3 月至 4 月发表于《哈佛商业评论》。

比尔·乔治、彼得·西姆斯、安德鲁·麦克莱恩与戴安娜·梅耶：《发现你真正的领导力》，2007 年 2 月发表于《哈佛商业评论》。

丹尼尔·戈尔曼：《是什么造就了领导者？》，1998 年 11 月至 12 月发表于《哈佛商业评论》。

赫敏尼雅·伊贝拉：《真实的悖论》，2015 年 1 月至 2 月发表于《哈佛商业评论》。

罗伯特·卡普兰：《问镜中的人什么》，2007 年 1 月发表于《哈佛商业评论》。

自我成长

德博拉·安科纳等：《赞美不完美的领导者》，2007 年 2 月发表于《哈佛商业评论》。

克里斯·阿基里斯：《教聪明人如何学习》，1991 年 5 月至 6 月发表于《哈佛商业评论》。

罗恩·阿什肯纳斯：《如果你的老板让你找一个教练，不要惊慌》，2015 年 2 月 26 日发表于《哈佛商业评论》。

罗恩·阿什肯纳斯、苏珊娜·弗朗西斯、里克·海尼克：《合并红利》，2011 年 7 月至 8 月发表于《哈佛商业评论》。

约翰·巴尔多尼：《在与教练合作之前，挑战你的自我假设》，2013 年 3 月 15 日发表于《哈佛商业评论》官网。

凯茜·本蔻与莫莉·安德森：《公司格子：在不断变化的工作世界中实现高绩效》，2010 年出版于波士顿《哈佛商业评论》出版社。

沃伦·本尼斯与罗伯特·托马斯：《领导力的考验》，2002 年 9 月发表于《哈佛商业评论》。

艾米·C. 埃德蒙森：《从失败中学习的策略》，2011 年 4 月发表于《哈佛商业评论》。

马歇尔·戈德史密斯与加德纳·莫尔斯：《表现自己》，2002 年 10 月发表于《哈佛商业评论》。

罗伯特·卡普兰与罗伯特·凯泽：《不要过度发挥你的优势》，2009 年 2 月发表于《哈佛商业评论》。

布鲁克·曼维尔：《安妮·马尔卡希是如何在没有前途的人力资源部工作一段时间后成为更好的 CEO 的？》，2016 年 4 月 3 日发表于《福布斯》网站。

布鲁克·曼维尔：《在新经济中学习》，2001 年春发表于《领导者对领导者》杂志。

米切尔·李·马克斯、菲利普·莫维斯与罗恩·阿什肯纳斯：《从职业挫折中恢复过来》，2014 年 10 月发表于《哈佛商业评论》。

米切尔·李·马克斯、菲利普·莫维斯与罗恩·阿什肯纳斯：《幸存的并购》，2017 年 3 月发表于《哈佛商业评论》。

埃蒂纳·温格与威廉·斯奈德：《实践社区：组织前沿》，2000 年 1 月至 2 月发表于《哈佛商业评论》。

分享你自己

提吉安娜·卡赛洛、弗兰西斯卡·吉诺与玛利亚姆·柯查基：《学会热爱社交》，2016年5月发表于《哈佛商业评论》。

罗伯·克罗斯、勒博·雷柏勒与亚当·格兰特：《协作过载》，2016年1月至2月发表于《哈佛商业评论》。

理查德·法内尔：《指导与你不同的人》，2017年4月17日发表于《哈佛商业评论》。

悉尼·芬克莱斯廷：《优秀的领导者是伟大的教师》，2018年1月至2月发表于《哈佛商业评论》。

亚当·格兰特：《在给予者和索取者的陪伴下》，2013年4月发表于《哈佛商业评论》。

诺拉·西尔弗与保罗·詹森：《多部门职业生涯：跨部门关系的重要性》，2017年11月1日发表于《加州管理评论》。

照顾好自己

罗恩·阿什凯纳斯：《微不足道的决定如何影响你的幸福》，2010年12月13日发表于《哈佛商业评论》官网。

克莱顿·克里斯坦森：《你将如何衡量你的生活？》，2010年7月至8月发表于《哈佛商业评论》。

斯图尔特·弗里德曼：《做一个更好的领导者，拥有更丰富的生活》，2008年4月发表于《哈佛商业评论》。

罗伯特·波曾：《无聊是有成效的》，2012年9月19日发表于《哈佛商业评论》官网。

托尼·施瓦茨与凯瑟琳·麦卡锡：《管理你的精力，而不是你的时间》，2007年10月发表于《哈佛商业评论》。

艾玛·塞帕拉：《冥想如何造福CEO》，2015年12月14日发表于《哈佛商业评论》官网。

致　谢

　　这本书的创作离不开许多人的帮助。因此，我们要感谢众多的朋友、同事和慷慨的从业者给我们分享了他们的智慧，帮助我们更有效地掌握了领导力方面的知识，并在我们从草稿到最终出版的整个过程中给予了有力支持。

　　本书始于我们两人和《哈佛商业评论》的编辑阿尼亚·维考斯基的一次头脑风暴会议。阿尼亚不仅是一个编辑，而且是一个真正的合作伙伴。几个月来，她孜孜不倦地与我们合作，让我们走上正轨，同时也源源不断地给予我们挑战，帮助我们不断改进想法。阿尼亚的《哈佛商业评论》的几位同事也贡献了他们对主要趋势和持久管理原则的看法，这些观点定期发表在《哈佛商业评论》的杂志和网站上。还要感谢简·格哈特，她作为我们的文案编辑，敬业认真，确保了后续内容的一致性和更高的质量标准，也感谢我们的制作编辑安妮·斯塔尔，是她带领我们完成了手稿。

　　我们还想对几十位实践型领导者表示感谢，他们都是企业家和更成熟的高管，他们在过去18个月里通过采访与我们分享了他们的领导经验和见解（我们在本书木尾列出了他们的名单）。我们与这些实践者的对话加深了我们对现实世界中组织面临的挑战的理解，也丰富了我们讨论领导力基础的能力，而这些能力也正是本书得以完成的基础。这些领导者的故事将逐一出现在各个章节中，但无论是否引用，这些领导者普遍有助于我们对这本书的基本实践的思考和发展。随着研究的展开，我们很高兴地看到，我们对领导者的采访通常都证实了本书的总体论点，但我们也应该补充一点，书中没有任何内容旨在将特定的领导力观点归于除我们自己外的任何人。

　　在过去的30年里，我们有机会在咨询和领导力实践中与许多客户和组织合作，在这里我们也要真切感谢他们，否则就是我们的疏忽。在许多方面，这本书是一个重要项目，让我们反思并汇集我们从这些合作中积累的知识。他们的一些故事也在本书前面提到过。

对共同作者来说，相互感谢似乎有点惺惺作态，但作为学院风格的尾声，我们是真心希望以感激之情来结束集体致谢，感谢在一起写书的过程中发展起来的合作的价值。我们一开始就在概念上达成了相当多的共识，但随后出现了很多分歧和争论。虽然有时会很痛苦，但最终它们都是一次又一次的"学习机会"。我们每个人都因最终作品中的交流而变得更好、更明智，更重要的是，我们认为这本书也是如此。

作为共同作者，我们也想分别以个人身份表达感谢：

罗恩：在过去的40年里，谢弗咨询公司的同事们深深影响了我对组织变革和领导力的看法，并支持了我的专业发展。所以在很多方面，这本书反映了我作为公司活跃成员所学到的东西。特别感谢罗伯特·谢弗，他给了我一个机会，让我成为潜在顾问，并不断鼓励我继续学习和写作，讲述组织和领导者的成功需要什么。还要感谢多年的同事苏珊娜·弗朗西斯、马修·麦克雷特、纳迪姆·马塔和公司的其他人，他们多年来都是我很好的学习伙伴。我还要感谢许多来自其他公司的同事和大学的专业同学，他们曾与我合作过大规模的变革项目、合并后的整合，以及之前的文章和书籍。如果没有他们提供的帮助，这本书恐怕就不能问世。

最后，我要感谢我的家人，感谢他们在我全神贯注于研究和写作这本书时给予我的支持和理解。我的子女（埃利奥拉、希拉和阿里）和他们的配偶（埃利、本和丽贝卡）不断地询问我关于这本书的情况，并鼓励我。尽管我没有多少时间帮助他们照顾日益壮大的家庭，也没有多少时间与他们谈论他们的职业和个人抱负。幸运的是，我的妻子芭芭拉填补了空缺，大大弥补了我的缺位。芭芭拉还鼓励我在遇到挫折或阻碍时继续前进，在重要的时刻与我一起庆祝，并提供稳定而充满爱的陪伴，使我能够完成这本书。就像我的其他书能够顺利出版一样，没有她，我不可能完成这本书的写作。她是我们家真正的领袖。

布鲁克：我要感谢我的同事、朋友和家人，在过去的几十年里，他们在营利性和非营利性部门工作，支持或帮助了我在领导力方面的工作。多年来，无论是作为一个组织（CBS 公司、麦肯锡公司、Saba 公司、美国联合之路）的成员，还是作为其他许多客户的顾问和教练，我都与许多专业人士一起工作并学习了领导力，不胜枚举。近年来，我还从我的三个子女（塞布丽娜、劳拉、马丁）和他们的配偶（迈克尔、布莱恩和伊莉斯）那里获得了宝贵的见解——他们都在各自的行业中崭露头角。他们乐于与我分享工作中的相关故事，这激发了我的思考；同时他们也对我们书稿的某些部分进行了更具体的评论，这让我在早期职业人士的关键问题上站稳了脚跟。最后，我衷心地感谢我的妻子兼生活伴侣玛格丽塔，她多年来一直对我的支持和耐心，使我现在能够写出又一本书。

受访或咨询的领导者

卡罗琳·安内斯蒂：国际开发银行高级顾问，她之前是世界银行的常务董事。

多米尼克·巴顿：麦肯锡全球管理合伙人，2009年7月至2018年7月在任。

马克·本杰明：纽昂斯通讯公司首席执行官，此前是美国国家收银机公司的董事长兼首席运营官。

查理·布朗：背景伙伴咨询公司创始人兼首席执行官。

乌莎·乔德里：凯特勒运动器材公司总裁兼首席运营官。

珍妮·克莱恩：布雷默金融公司总裁兼首席执行官。

帕特·多兰：波音公司工程副总裁兼军用飞机总工程师。

小罗杰·弗格森：教师保险与年金协会（TIAA）总裁兼首席执行官。

彼得·费舍尔：商业、政府和社会中心高级研究员，达特茅斯大学塔克商学院临床教授。此前，他曾担任贝莱德固定收益投资组合管理主管，以及美国财政部负责国内金融事务的副部长。

亚伦·盖莱：数字媒体初创公司Outbrain的联合创始人兼首席执行官。

安德鲁·盖奇：泰丰资本有限公司首席执行官。

吉姆·古德里奇：麦肯锡公司前董事兼首席运营官，1987—1996年在任。

彼得·格里菲斯：安永企业发展全球副主席。

葆拉·科戈尔：美国公共电视网（PBS）的总裁兼首席执行官。

简·柯克兰：道富公司投资服务业务高级副总裁。

理查德·莱塞：波士顿咨询公司总裁兼首席执行官。

克里斯·利舍夫斯基：大黄蜂海产品公司总裁兼首席执行官。

约翰·朗格伦：史丹利百得公司前首席执行官兼董事长，2004—2016年在任。

塔玛拉·朗格伦：施尼策钢铁工业公司总裁兼首席执行官。

理查德·莱昂斯：加州大学伯克利分校哈斯商学院院长。

塞莱娜·玛西亚：美国国际集团（AIG）执行副总裁兼黑板保险（AIG旗下一家专注于技术的子公司）首席执行官。此前，她曾担任AIG区域管理和运营首席执行官，以及AIG EMEA首席执行官。加入AIG之前，她曾担任XL保险公司北美财产和意外险业务的首席执行官。

凯瑟琳·曼努埃尔：汤森路透创新高级副总裁。

约翰·马丁：Innography前首席执行官，2013—2017年在任。

安妮·马尔卡希：施乐公司前董事长兼首席执行官（2001—2010年），2010年从董事长职位上退休。

理查德·奥伯：新罕布什尔州慈善基金会总裁兼首席执行官。

帕特里克·奥沙利文：英国Saga Plc公司主席。他曾担任Old Mutual Pc的董事长、苏黎世金融服务的副董事长和鹰星保险的首席执行官。

卢恩·奥拉夫·佩德森：挪威石油地质服务公司（PGS）总裁兼首席执行官。

鲍勃·普洛克特：蓝光风险投资公司创始成员，Linked Labs首席执行官。

亨特·罗林斯三世：爱荷华大学前校长（1988—1995年）和康奈尔大学前校长（1995—2003年），以及康奈尔大学代理校长（2005—2006年和2016—2017年）。

加里·罗德金：康尼格拉的前首席执行官，2005—2015年在任。

迈克尔·罗斯：康涅狄格州米德尔敦卫斯理大学校长。

丹·施普林格：美国电子签名公司（DocuSign）首席执行官。此前，他曾担任Responsys的董事长兼首席执行官。

达伦·沃克：福特基金会主席。

大卫·温恩：美国运通银行法国分行咨询顾问和前总裁。

迈克·沃斯：雪佛龙公司董事长兼首席执行官。

安德鲁·沃克：Root Cause 创始人兼首席执行官。

吉姆·齐奥尔科夫斯基：buildOn 创始人兼首席执行官。

作者简介

罗恩·阿什肯纳斯是一名思想合作伙伴、顾问和教练,在组织变革、领导力和转型方面为杰出的私营企业、非营利组织和公共部门的高管服务了30多年,也是位于康涅狄格州斯坦福德的谢弗咨询公司的荣誉合伙人。他是20世纪90年代与杰克·韦尔奇合作改造通用电气的团队成员。他的其他客户包括世界银行和纽约联邦储备银行;默克、辉瑞和葛兰素史克制药公司;思科和高知特等科技公司;斯坦福医院和安德森癌症中心等医疗机构;美国国际集团、摩根大通、汤森路透和苏黎世保险等金融服务公司;百事可乐、康尼格拉和宝洁等消费品公司。

罗恩为《哈佛商业评论》撰写了大量文章,也是《简单有效:如何在你的组织中消除复杂性并完成任务》(哈佛商业出版社,2009年)的作者。他也是其他四本书的合著者,包括《无边界组织》和《通用电气的工作》。他在世界各地的大学和会议上讲授变革管理、收购整合、简化、执行领导力和创新。

布鲁克·曼维尔在战略、组织发展和领导力有效性方面为众多领导者提供咨询并担任执行教练。在职业生涯早期,他曾担任美国联合之路的执行副总裁和硅谷人力资本管理解决方案提供商(Saba公司)的首席学习官。作为麦肯锡公司的合伙人,布鲁克为几家《财富》500强企业提供咨询,专攻组织发展和知识相关战略。他还是麦肯锡公司的第一任知识管理总监。

布鲁克是《福布斯》网站领导力频道的定期撰稿人。除了《哈佛商业评论》，他还为《快公司》和《斯隆管理评论》撰稿，并（与约西亚·奥伯合著）著有《公民的公司：世界上第一个民主教领导者如何创建伟大的组织》（哈佛商学院出版社，2003年）和（与汤姆·达文波特合著）《决策判断：12个关于重大决策和正确做出决策的团队的故事》（《哈佛商业评论》出版社，2012年）。